퇴진하라

짓밟힌 정의,
파탄난 민생에 관한 대답

퇴진하라

| 안진걸 · 임세은 지음 | 공희준 정리 |

디케

지금은 국민주권을 발휘해야 할 때

2022년 3월 10일 새벽, 저는 대선 결과를 무거운 침묵 속에 지켜보며 비통한 심정으로 눈물을 흘렸습니다. 지지했던 후보가 낙선한 것도 몹시 서글픈 일이었지만, 윤석열 정부가 보여줄 앞날을 생각하니 저도 모르게 눈물이 터져 나왔던 겁니다.

그래도 한동안은 나라와 국민이 불행해지면 안 되기에 부디 잘하지는 못하더라도 중간이나마 해주었으면 하는 상식적이고 소박한 바람으로 이 정부의 행보를 지켜보았습니다. 그러나 당선된 직후부터 보여준 윤석열 대통령의 민낯은 실로 경악스러웠습니다.

당선자 신분으로 맞이한 첫 공식 기자회견장에서 현역 국회의원에게 반말하는 장면을 보며, 그가 얼마나 무례한 사람인지 적나라하게 확인할 수 있었습니다. 미국에 가서 바이든 대통령과 만난 뒤 "국회에서 이 새끼들이 승인 안해주× ××××쪽팔려서 어떡하나?"라고 저속한 표현을 하더니, 보도한 언론을 탄압하고 배제했습니다. 이런 광경을 생생히 목격하며 저를 포함한 많은 국민들이 윤석열 정부에 걸었던 최소한의 기대마저 접고 말았습니다.

선거를 통한 다수 국민의 선택이었기에, 윤석열 대통령이 당선되어 집권하는 결과는 당연히 존중되고 인정받아야 합니다. 그러나 선거를 통해 집권했다는 이유만으로 모든 통치행위를 정당화할 수는 없습니다. 민주주의와 국민주권은 선거 결과에만 살아 있는 것이 아니기 때문입니다. 그것은 매일매일 국가와 사회에 생생히 살아서 관철되는 원리이고, 따라서 국민을 대리해 권한을 행사하는 자는 민주주의와 국민주권의 원칙에 항시 충실해야만 합니다. 즉, 선거 과정과 결과를 존중하더라도, 집권 후 민주주의와 국민주권의 원리를 짓밟고 독재와 전횡을 일삼는다면 국민의 힘과 뜻으로 그 임기에 신속히 마침표를 찍는 것이 진정한 민주주의와 국민주권의 원리일 것입니다.

이를 잘 보여준 사례가 2016~2017년 촛불 시민혁명을 통한 박근혜 정권의 탄핵과 때 이른 임기 종식이었습니다. 박 전 대통령이 탄핵당하면 대한민국이 당장 난리가 날 것처럼 허위로 선동하며 탄핵을 반대하는 이들도 있었습니다. 그러나 주권자인 시민들의 평화적 행동과 집단지성으로, 특정 정권이 도중에 퇴진하는 일이 대한민국과 우리 사회가 무너지는 일은 아니라는 사실을 증명했습니다. 그렇게 박근혜 정권 탄핵을 실현해낸 촛불 시민혁명은 세계적 관심과 지지를 얻었고, 지구촌의 민주주의 역사를 새로 썼다는 긍정적 평가를 받았습니다.

대한민국은 민주주의와 경제발전을 이룩한 세계 정상급 나라로 우뚝 섰고 또 그러한 방향으로 힘차게 나아가고 있었습니다. 그러나 이 모든 것들이 정치검찰을 등에 업은 윤석열 정부가 집권한 이후 1~2년 만에 모래알처럼 부서지고 있습니다. 국민들은 너나 할 것 없이 하루하루를 사는 일이 괴롭고 힘들다고 하소연합니다. 오죽하면 '잠 못 자는 사람들의 모임'이라는 시민단체까지 만들어졌겠습니까?

근래 들어 고물가, 고유가, 고환율, 고부채, 고금리, 고공공요금(공공요금의 가파른 인상) 등의 6중고가 서민과 중산층의 삶을 피폐하게 하고 있습니다. 월급 빼고 다 오르니 민생이 나날이 어려워집니다.

그러나 윤석열 정부는 뾰족한 대책을 내놓지 못하고 있습니다. 야당과 시민사회가 나서서 "이 정권의 민생파탄 및 경제위기에 대한 대책은 무관심이요, 무대책이요, 속수무책이다. 국민들을 이전보다 더 어렵게 하는 대책들만 내놓는다."라고 비판하는 게 너무도 당연합니다.

많은 국민들은 윤석열 정부가 민주주의, 민생, 경제, 한반도의 평화와 안정, 공정과 상식 등 국가와 사회의 근간을 이루는 틀들을 무너뜨리고 파괴한다고 목소리를 높입니다. 그러나 윤석열 정부는 자신들이 어떤 지향과 목표가 있는지 스스로 변변하게 규정하거나 표방하지 못하고 있습니다. 저는 윤석열 정권의 본질을 이해하려면 정치검찰, 김건희, 숭일매국, 반민생 정권이라는 네 단어면 충분하다고 생각합니다.

검찰은 집권을 전후해 무소불위의 권력 남용과 마녀사냥식 수사의 폐해를 극명하게 보여주었고, 현재도 야당과 비판적 시민들을 겨냥한 무자비하고 불공정한 편파 수사에 몰두하고 있습니다. 또,

용산 대통령실과 관저, 정부여당 전반에 걸쳐 김건희 여사를 둘러싼 비선라인의 국정농단 조짐이 뚜렷이 감지되고 있습니다. 더 큰 문제는 국가와 국민의 안전을 지키고, 민족과 겨레의 이익을 위해 일해야 할 정부가 집권 초부터 최근까지 일관되게 노골적으로 친일 행각을 벌이고 있다는 점입니다. 이러한 상황들을 고려하면 윤석열 정권은 극단적 민족제일주의나 국수주의에 빠진 극우 정권 수준에도 미치지 못합니다.

윤석열 정부 집권 이후, 뉴라이트라는 독버섯이 무서운 속도로 창궐하고 있습니다. 이들에게는 뉴라이트라는 호칭도 아깝습니다. 그저 일제라이트(일본제국주의·군국주의의 앞잡이 세력)에 불과합니다. 이들 세력이 윤석열 정권을 장악했다고 표현해도 이제 과언이 아닐 지경입니다.

윤석열 정부의 관계자들이나 그 언저리에 있는 인사들이 최근에는 친일 인사들의 명예를 회복해주어야 한다고 떠들고 있습니다. 독도가 한국 땅이라는 근거가 없다는 투의 매국노들이 아니면 차마

할 수 없는 반역적인 망언을 서슴없이 내뱉고 있습니다. 그런데도 윤석열 대통령은 이런 사람들을 공공연히 비호하며 심지어 정권 사수의 첨병으로 내세우고 있습니다. 국민 여러분, 이런 생각을 가진 세력이 권력을 쥔 나라에 미래와 희망이 있을까요? 더 큰 퇴행과 절망만이 기다릴 따름입니다.

민생경제의 암담한 현실이 여러 통계와 지표로 이미 명백히 확인됐습니다. 행복과 번영의 물질적 토대인 가정경제, 자영업경제, 지역경제가 급속히 붕괴하는 고통스러운 상황 앞에서 야당과 시민사회와 많은 국민들이 민생회복지원금 25만 원이라도 신속히 지원해달라고 절규하고 호소했습니다. 그러자 윤석열 대통령은 어떻게 반응했습니까? "왜 25만원이냐, 차라리 10억, 100억씩 달라고 하지 그러느냐"라는 냉소적 반응을 내보이며 민심의 바람을 차갑게 외면했습니다. 이런 대통령은, 이런 정부는 3년은커녕 3개월, 아니 3일도 너무 깁니다.

마지막으로, 대한민국과 우리 사회의 민주주의와 국민주권의 근간인 우리 헌법 전문을 공유하겠습니다. 책 맨뒤에는 부록으로 박근혜 대통령 탄핵 선고문을 첨부하였습니다. 이 글들만 읽어봐도 왜 윤석열 정부가 당장 탄핵되거나 퇴진해야 하는지 금방 알 수 있을 것입니다.

안진걸

대한민국 헌법 전문(前文)

유구한 역사와 전통에 빛나는 우리 대한국민은 3·1운동으로 건립된 대한민국 임시정부의 법통과 불의에 항거한 4·19 민주이념을 계승하고, 조국의 민주개혁과 평화적 통일의 사명에 입각하여 정의·인도와 동포애로써 민족의 단결을 공고히 하고, 모든 사회적 폐습과 불의를 타파하며, 자율과 조화를 바탕으로 자유민주적 기본질서를 더욱 확고히 하여 정치·경제·사회·문화의 모든 영역에 있어서 각인의 기회를 균등히 하고, 능력을 최고도로 발휘하게 하며, 자유와 권리에 따르는 책임과 의무를 완수하게 하여, 안으로는 국민생활의 균등한 향상을 기하고 밖으로는 항구적인 세계평화와 인류공영에 이바지함으로써 우리들과 우리들의 자손의 안전과 자유와 행복을 영원히 확보할 것을 다짐하면서 1948년 7월 12일에 제정되고 8차에 걸쳐 개정된 헌법을 이제 국회의 의결을 거쳐 국민투표에 의하여 개정한다.

씩씩하고 당당하게 권력을 심판하자

0.73은 내가 평생 잊지 못할 숫자다. 2022년 검사 출신 윤석열 후보가 0.73% 차이로 대통령 선거에서 승리했기 때문이다. 그 승리가 이토록 국민을 고통스럽게 만들고, 나라의 위상을 추락시키고, 경제와 민생을 망치고 있다고 생각하니, 0.73%의 패배가 더더욱 쓰리고 아프다.

나는 민주당에 소속된 사람으로서, 또 전임 문재인 정부의 청와대에 근무했던 인사로서 가장 먼저 윤석열 대통령 탄핵을 이야기했다. 튀려고, 눈에 띄려고, '돋보이고 싶어서'가 아니다. 윤석열 대통령이 당선인 신분이었던 시점부터 머지않아 이 정부의 실체와 민낯이 만천하에 드러날 것을 예감했고, 결국 그렇게 되었다고 생각하기 때문이다.

그들은 멀쩡한 청와대를 합리적 이유나 근거 없이 옮기겠다고 억지를 부렸다. 국민에게 어떠한 실익이 있는지, 국가적으로는 어떤 도움이 되는지 이유를 밝히지 않은 채, 허공의 메아리처럼 "청와대를 돌려드리겠다"라는 말만 무한 반복했다. 언제 우리 국민이 청와대를 돌려달라고 했었나? 충분히 수리하고 부족한 부분은 보완해 그곳에서 국정 운영을 하면 될 텐데, 그들은 다짜고짜 청와대를 옮기겠다고 우기며 논란과 분열을 초래했다.

어느 정권이 인수위 때부터 이토록 민심의 호된 비판을 받은 적이 있던가? 국민을 심각하게 갈라치기 한 적이 있었던가? 윤석열 정권은 용산 이전을 이유로 임기가 얼마 남지 않은 문재인 정부를 윽박질렀다. 합리적 비판과 근거를 제시하며 무리한 이전에 반대하는 야당을 향해 거친 비난을 토해냈다.

나는 그 모습을 보며 윤석열 정부 집권 기간 내내 국민의 고통이 너무나 크겠다는 생각이 들었다. 그리고 내 생각은 틀리지 않았다. 비가 억수같이 내려 국가적 차원의 재난 위험이 도사리고 있는데도 대통령은 태연히 퇴근을 강행하며 "우리 동네에도 비 많이 오더라"라는 식의 무책임한 이야기를 했다. 역대급 폭우가 쏟아지는데도 대통령 비서실장은 서울 한복판에서 회식을 구실로 술자리를 가졌다. 사고가 난 현장에 가서는 실효성 있는 대책은 내놓지 않은 채

영혼 없는 공리공담만 늘어놓았다. 159명의 꽃다운 젊은 청춘이 희생된 이태원 핼러윈 참사 현장에서마저 공감 능력이 결여된 모습만 드러내 유족과 국민의 분노를 샀다.

국민을 두려워하지 않는 집단이 국정 운영을 하고 있다면, 하루라도 빨리 권좌에서 내려오게 하는 게 정의일 것이다. 그게 공정이고 상식이기 때문이다. 나는 남의 불행을 바라지 않는다. 그러나 이 정권의 말로는 매우 비참할 것만 같다. 그들은 반성하지 않는다. 뒤돌아보지 않는다. 잘못을 고치려고 하지도 않는다. 오히려 짜증 내고 투덜대고 격노하고 겁박한다.

국민은 윤석열 대통령과 그 주변 인사들의 말을 더는 믿지 않는다. 누군가의 말처럼 그들이 양의 머리를 내걸고 개고기를 팔아온 탓이다. 국민이 윤석열 정권에 가졌던 믿음은 이미 사라졌다. 위정자에 대한 믿음이 사라졌으니 국가의 존립이 뿌리부터 흔들리고 있다. 불행한 노릇이다. 이러한 불행한 사태는 다른 누구 탓도 아니다. 윤석열 대통령과 그에 영합한 사람들이 자초한 일이다.

무너진 정의를 복원하고, 소중한 우리 아이들이 살아갈 대한민국을 정상화하는 최선의 길은 윤석열 정권이 하루빨리 마무리되는 것뿐이라고 나는 믿는다. 그 길에 내 작은 힘이나마 아낌없이 보탤 작정이다. 지금까지 늘 그래왔던 것처럼 씩씩하고 당당하게 깨어 있는 시민들과 함께할 것이다.

임세은

패전한 군대가 개선식을 하는 이상한 나라

독일의 사회학자 막스 베버는 정치인이 갖춰야 할 자질로 열정, 균형감각 그리고 책임윤리의 세 가지를 들었다. 베버가 이러한 주장을 폈던 때는 독일이 제1차 세계대전에서 패배한 직후인 1919년이었다. 불과 몇 년 전까지만 해도 영국과 대규모 건함경쟁(建艦競爭)을 벌이며 경제와 군사 양면 모두에서 지구상 최강국으로 군림하던 독일은 갑작스러운 패전의 여파로 혼란과 무질서가 판치는 유럽의 환자로 전락했다.

문제는 독일을 전 세계를 상대로 하는 무모한 침략 전쟁의 수렁으로 몰아넣은 주역들은 꽁꽁 뒤로 숨었다는 점이었다. 카이저 빌헬름 2세가 퇴위해 이웃한 네덜란드로 망명한 사건 정도를 제외하면 독일의 위정자와 권력자들 가운데 어떤 인간도 수백만 명의 병사들을 죽고 다치게 만들고, 수천만 민중에게 맛도 영양가도 없는 순무로 장기간 끼니를 때우게 한 엄중한 죄과에 대해 제대로 된 책임을 지지 않았다.

이와 같은 책임 윤리의 완벽한 실종 현상은 베버를 비롯한 내로

라하는 지식인들이 보기에 너무나 황당하고 어이없는 사태였다. 책임지는 사람이 없다는 사실은 머잖아 똑같은 실수가 되풀이될 것이라는 예고와 다름없었기 때문이다. 베버가 책임윤리의 중요성을 목놓아 외친 지 정확히 20년 후에 독일민족은 두 번째 세계대전의 방아쇠를 당겼고, 그 결과 수도 베를린을 위시한 주요 도시들이 석기시대로 비참하게 되돌아가면서 독일은 50년 넘게 국토가 동서 양쪽으로 분단되고 말았다.

20세기 전반기의 독일과 21세기가 사반세기 가량이 경과한 즈음의 한국은 국제무대에서의 위상도, 사회문화적 풍토도, 국민의 의식도 달랐으면 달랐지 같다고 하기는 어렵다. 그러나 한 가지 대목에서만큼은 일맥상통하고 있다. 정권을 장악하고 있는 집권 세력에게 책임윤리가 철저히 결여되어 있다는 것이다.

현대 대의민주주의 체제에서 책임윤리의 핵심은 선거에서 표출된 유권자의 집단적 의사, 곧 민심에 대한 신속한 승복과 반응성에 있다. 선거에서 패배한 정권이 마치 아무 일도 일어나지 않은 듯이 사고하고 행동한다면 이는 전쟁에서 패전한 군대가 요란한 개선식을 거행하는 것처럼 엽기적이고 기상천외한 상황일 터이다. 만약 그런 주제넘고 파렴치한 군대가 이 세상에 실제로 존재한다면 당장 무장해제를 당한 다음 전원 포로수용소로 직행했으리라.

'패전한 군대의 승전 퍼레이드', 나는 2024년 4월 10일 실시된 제22대 총선에서의 역대급 참패에도 아랑곳없이 종전의 국정 기조와 인적 구조를 태연하게 고집하는 윤석열 정권의 행태를 이렇게 압축·요약하고 싶다,

혁신과 성찰은 최소한의 기본적 책임윤리를 전제하는 법이다. 선거 패배와 관련해 대통령을 포함한 그 누구도 책임감을 느끼지 못하는 정권을 향하여 변화를 요구하는 건 그야말로 나무 위에서 물고기를 찾는 것과 진배없다. 따라서 이제는 정권의 변화를 기대하기보다는 정권 자체를 교체하려 시도하는 게 합리적 선택일지 모른다. 다행히 우리나라는 혁명이나 정변 없이 기존 정권을 조기에 종식하고 새로운 정부를 출범시킬 수 있는 합법적인 장치를 헌법 안

에 마련해 놓고 있다.

지금의 대한민국은 경제 위기와 안보 위기의 이중 위기에 직면해 있다. 여기에 여태껏 우리가 경험해보지 않았던 인구소멸 위기와 기후변화 위기가 추가로 중첩된 형국이다. 이 복합적이고 총체적인 위기 국면을 자신들이 선거에서 이긴 것인지 진 것인지 구분조차 하지 못하며 정신 승리나 일삼는 몽매하고 무책임한 정권이 과연 성공적으로 타개·극복해낼 수 있을까?

필자는 스스로가 위기의 원인이 되어버린 정권에는 과감하고 단호하게 마침표가 찍혀야 한다는 문제의식 아래 이 책을 구상·기획하였다. 나의 이런 절박하고 원초적인 문제의식은 민생경제연구소의 안진걸과 임세은 두 분 소장님과의 운명적 만남과 치열한 논쟁 덕분에 뚜렷한 지향점과 구체적 청사진을 얻게 되었다.

책 한 권이 나오려면 여러 사람의 헌신과 노고가 동반되기 마련이다. 위험수위를 아슬아슬하게 넘나드는 내용의 책을 출판하자는 제안에 흔쾌히 응해주신 박경수 님께 진심으로 감사의 말씀을 드리는 바이다. 글을 쓸 수 있는 환경을 허락해주신 하민혁 이사님께도 고마움의 뜻을 전하고 싶다.

프랑스의 정치가 클레망소는 전쟁은 군인들에게만 맡기기에는 너무나 중요한 일이라고 말했다. 마찬가지로, 정치는 직업 정치인들에게만 맡기기에는 너무나 중요한 일이다. 이 책이 열정과 균형감각을 체득하고 책임윤리로 무장한 유권자들의 숫자를 많아지게 하는 데 미력이나마 이바지하기를 바란다.

2024년 가을 문래동에서, 공희준

/ 차 / 례 /

서문
윤석열 정부 주요 사건 일지

1부 / 혼돈의 시간

탄핵청원 동의 140만 돌파 • 38

리더인가, 보스인가 • 46

막무가내로 밀어붙인 대통령실 이전 • 53

꼬리에 꼬리를 무는 문제들 • 61

준비되지 않은 외교, 훼손당한 국격 • 68

정권이 존재의 이유를 잃는 순간 • 74

대통령 부인을 둘러싼 의혹의 그림자 • 82

이전에는 상상할 수 없던 일들 • 94

2부 / 선 긋는 민심

한동훈 대표 체제, 윤 대통령의 미래는? • 102

사라져 가는 특검 거부 명분 • 109

조기 대선, 가능한 이야기일까? • 117

보수 논객들마저 등 돌리는 까닭 • 122

이보다 더 먹고살기 힘들 수 없다 • 130

방향도 목표도 알 수 없는 국가경제 • 135

이성보다 감정이 앞서는 정책 결정 • 144

점점 다가오는 분노의 임계점 • 159

이제 멈추고 새 미래를 준비해야 할 때 • 171

3부 / 2024년, 또다시 가을

현실이 되어가는 'AGAIN 2016' • 182

자신을 권력자로 착각하는 일반인 • 189

반면교사의 대명사 • 197

멈추지 않는 혼돈 그리고 몰락 • 205

부록

윤석열 대통령 탄핵소추안 발의 요청 청원 • 217

안진걸 민생경제연구소장 칼럼 • 221

박근혜 대통령 탄핵 헌법재판소 선고문 • 226

윤석열 정부 주요 사건 일지

2022년 1월 11일　대통령 후보자 신분으로 신년 기자회견에서 북한 '선제 타격'을 불필요하게 언급해 남북한 간 긴장을 고조시킴.

2022년 5월 10일　극우 유튜버들, 윤 대통령 처가와 관련된 양평 공흥지구 비리 사건 담당 수사관, 천공 제자, 장모 최은순 씨의 사문서 위조 공범, 도이치모터스 주가조작 사건 공범 등을 대통령 취임식에 초대하여 논란 야기. 언론과 야당이 취임식 참가자 명단 공개를 요구하자, 처음에는 없다고 했다가 뒤에 말을 바꿔 논란을 키움. 김건희 여사 국민의힘 공천개입 의혹 관련자인 명태균 씨도 취임식에 초청받았던 것으로 밝혀짐.

2022년 5월 13일　대통령 임기가 시작되었음에도 서초동 자택 인근 술집에서 지인들과 술을 마시고 찍은 사진이 공개되어 '술독에 빠진 대통령'이라는 논란 야기함.

2022년 5월 21일　한미 정상회담 만찬에서 미국 국가가 연주될 때 경례하는 결례를 범함.

2022년 5월 28일　경북 울진에서 대형 산불이 확산 중이던 시각에 대통령 집무실 청사 앞 잔디밭에서 반려견과 망중한을 즐겼다는 것이 사진으로 밝혀져 비난 여론 자초함.

2022년 6월 22일　　원전 산업 협력업체 간담회에서 "안전을 중시하는 관료적 사고는 버려야 한다"라며 국민 안전을 포기하는 듯한 위험한 발언을 함.

2022년 7월 5일　　나토 정상회의 참가 당시 이원모 대통령실 인사비서관의 부인인 민간인 신 모 씨가 김건희 여사를 수행해 대통령 전용기를 타는 비선 보좌 논란 발생. 해당 여성은 김 여사의 지인으로 밝혀짐. 김건희 여사는 나토 정상회의 일정 중 1억 원 안팎의 초호화 장신구를 착용했는데, 해당 장신구와 관련한 출처를 제대로 밝히지 않음.

2022년 7월 27일　　경찰 장악 시도로 여겨지는 행정안전부 산하 경찰국 신설.

2022년 8월 8일　　음주운전, 갑질 등 여러 의혹에도 불구하고 박순애 교육부 장관 임명 강행. 박 장관은 초등학교 입학 나이를 만 5세로 무리하게 낮추려다가 여론의 역풍으로 취임 한 달 만에 사퇴.

2022년 9월 7일　　검찰개혁 실천 방안의 취지를 전면 부정하는 검찰 수사권 확대 시행령 강행.

2022년 9월 15일　　보편적 복지에서 선별적 복지로, 돌봄·요양·의료·교육 등 공공서비스 분야 전반을 민간 주도로(사실상 민영화로) 재편하겠다고 밝힘.

2022년 9월 21일　　미국 뉴욕에서 열린 글로벌 펀드 제7차 재정공약 회의에서 바이든 대통령과 단 '48초 대화'를 나누었으나, 이를 외교적 성과로 포장함.

2022년 9월 21일　　미국 뉴욕에서 열린 글로벌 펀드 제7차 재정공약 회의 후 이동하며 "국회에서 이 새끼들이 승인 안 해주× ×××은 쪽팔려서 어떡하나?"라고 발언하여 국내외에서 큰 물의를 빚음.

2022년 9월 28일　　세종시의 한 어린이집을 방문해 "난 아주 어린 영유아들은 집에만 있는 줄 알았더니" "생후 6개월이면 걸어는 다니니까" 등의 발언으로 보육을 비롯한 중요 정책과 관련해 사전 준비가 안 되어 있는 모습을 보임.

2022년 10월 2일　　국군의날 기념식에서 국군 장병의 경례를 받고난 뒤 '열중 쉬어' 절차를 이행하지 않아 논란이 불거짐. 윤 대통령이 병역면제자라고 하나, 국군 통수권자로서 준비나 연습이 되어 있지 않다는 비판을 받음.

2022년 10월 4일　　강원도 강릉시에서 한미 연합훈련의 일환으로 미사일 현무-2C를 발사했으나, 목표지점 반대 방향으로 날아가는 오작동으로 민가 인근에 낙하하는 사고 발생.

2022년 10월 4일　　부천국제만화축제에서 상을 받은 고등학생의 '윤석열차' 풍자 작품 전시에 대해 문화체육관광부가 엄중 경고를 하는 등 표현의 자유 침해함.

2022년 10월 29일　　핼러윈 대참사 발생. 인파 집결에 대한 사전 경고가 있었고, 당일 참사 직전에도 많은 신고가 접수됐으나 대처 미흡함. 사고 당일 경찰력이 시민 집회 대응과 비어 있는 관저 경호에 과잉 동원되어 핼러윈 축제 현장에 대한 안전인력 투입이 전혀 이뤄지지 않았음이 나중에 확인됨. 정부는 참사 당시 늑장 구조, 희생자 명단 비공개, 엉터리 분향소 설치, 피해자 간 교류 방해, 책임 회피, 국정조사 자료 제출 비협조 등 참사 지우기로 일관해 범국민적 비판 여론 높아짐.

2022년 11월 6일　　일본 해상 자위대 창설 70주년 기념 관함식에 대한민국 해군이 참석해 일제 전범기에 경례하는 행위 발생함.

2022년 11월 10일　　'이 새끼' '바이든' 자막 보도를 이유로 MBC 기자의 대통령 해외 순방 전용기 탑승 배제 조치 취함.

2022년 11월 19일 검찰, 민주당사와 민주연구원, 국회 본청에 자리한 민주당 대표 비서실에 대해 유례를 찾기 힘든 압수수색 실시.

2022년 12월 16일 북한의 무인기 5대(추정)가 군사분계선 이남을 비행. 그중 일부는 대통령실 용산 인근에까지 내려왔으나, 대응 출격하던 경공격기 KA-1이 추락하는 등 사전 예방과 초동 대응에 실패함.

2022년 12월 18일 이명박, 김기춘, 우병우 등 이명박-박근혜 정권의 국정농단 및 대형부패 사범 전격 사면.

2023년 1월 16일 윤 대통령, 아랍에미리트 순방 중 UAE 군사훈련협력단(아크부대)을 방문해 "UAE의 적은 이란이고, 우리의 적은 북한이다", "UAE는 우리의 형제 국가다. 형제국의 적은 우리의 적이다"라고 발언. 이는 국제사회의 갈등을 조장하고, 한국과 이란의 관계를 악화시킨 실언이었음.

2023년 2월 10일 김건희 여사와 관련된 도이치 모터스 주가조작 주범들에 대해 1심 유죄 선고. 그러나 검찰은 이후로도 1년 반 넘게 김 여사에 대해 어떠한 수사도 하지 않음.

2023년 2월 16일 검찰, 이재명 민주당 대표 구속영장 청구. 이는 제1야당 대표에 대한 사상 첫 구속영장 청구로 기록됨.

2023년 2월 21일 윤 대통령, 국무회의에서 "'건폭'이 완전히 근절될 때까지 엄정하게 단속해 법치를 확고히 세우라"고 말함. 건설노동자들을 공개적으로 건설폭력배로 왜곡하고 탄압하라는 지시였다고 비판받음.

2023년 2월 24일　　검찰 출신으로 경찰청 국가수사본부장으로 임명된 정순신 전 검사, 아들 학폭 문제로 사퇴.

2023년 3월 6일　　일제 강제동원 피해자 배상과 관련하여, 일본 정부와 일본의 전범 기업을 대신해 국내 재단이 국내 기업으로부터 기부금을 받아 배상하는 제3자 변제안 공식 발표. 이는 민법 조항 위반이자, 대법원 판결에 역행하는 삼권분립 위배에 해당함. 역사 정의, 민족정기, 인간 존엄을 모두 포기했다는 비판을 받음.

2023년 3월 6일　　비상경제장관회의를 개최해 노동시간 관련 제도 변경 시도. 주당 69시간의 장시간 노동을 허용하는 정책이라는 비판을 받음.

2023년 4월 6일　　2030년 세계 엑스포 유치와 관련해 부산 방문 후 횟집 회식 사진 논란. 이로 인해 허술한 경호 문제가 제기됨. 사적 회식비용을 누가 냈는지도 논란이 됨.

2023년 4월 8일　　뉴욕타임스 보도로 미국의 용산 대통령실 도청 의혹이 사실로 드러남. 대통령실은 진상규명이나 재발 방지 요구를 하지 않음. 도청에 대한 대책 마련 없이 "터무니없는 거짓", "해당 문건의 상당수가 위조", "악의를 가지고 했다는 정황은 발견되지 않고 있다"라며 미국 입장을 일방적으로 두둔. 이로 인해 주권 국가임을 포기한 처사라는 비판여론 고조됨.

2023년 4월 19일　　윤 대통령, 대만 문제와 관련해 "역내를 넘어선 전 세계적 문제로 볼 수밖에 없다"라며 주변국의 개입 필요성을 시사하는 발언으로 중국과 커다란 마찰을 초래함.

2023년 4월 24일　　미국 워싱턴포스트와의 인터뷰에서 "100년 전의 일을 가지고 무조건 '무릎 꿇어라'라고 하는 것을 저는 받아들일 수 없다"라며 일본의 입장을 두둔함. 이는 사실상 대한민국의 대통령 역할을 포기한 발언이라는 비판을 받음.

2023년 4월 26일　윤석열 정부, 한미 정상회담 이후 핵협의그룹 설립을 발표하고 전략 자산을 한반도에서 자주 전개하기로 합의함. 이는 한반도 핵전쟁 위협을 고조시키고 북한을 자극하는 어리석고 무모한 행위라는 평가를 받음. 더욱이 핵협의그룹에 일본 참여가 유력해 위헌적이고 반국민적 '한미일 군사동맹'으로 가는 발판을 만들었다는 지적이 제기됨.

2023년 5월 1일　민주노총 건설노조 강원건설지부 3지대장 양회동 열사, 133주년 세계 노동절에 윤석열 정부의 건설노동자 음해와 노동운동 탄압에 분신으로 항거.

2023년 5월 1일　국민의힘 태영호 전 의원이 등장하는 녹취록에 따르면, 이진복 대통령실 정무수석이 공천을 볼모로 윤석열 정부의 대일 정책을 적극 비호하도록 종용하였음이 드러남.

2023년 5월 4일　주한미군이 용산 미군기지 부지에 각종 오염물질을 무단 투기하였음이 밝혀짐. 일례로 발암물질인 벤젠이 기준치의 1,170배를 초과해 검출됨. 그러나 윤석열 정부는 그 위에 15센티미터의 흙을 얇게 덮은 뒤 가족공원으로 개방해 환경단체들과 주민단체들의 강력한 비판이 이어짐.

2023년 6월 28일　윤석열 대통령, 약탈적 이권 카르텔 운운하며 과학기술정보통신부 장관에게 연구개발 예산 전면 재검토 지시. 과학기술계의 강력한 반대에도 불구하고, R&D 관련 예산이 사상 최대인 4조 6천억 원이나 삭감된 상태로 2024년 예산안 통과.

2023년 7월 19일 해병대 채 모 상병 순직 사건 발생.

2023년 8월 1일 새만금 잼버리 개막. 장소, 날씨, 준비상황 등 잼버리 내내 무수히 많은 문제가 발생해 국내외 비난 여론 비등해짐. 잼버리 파행 사태는 국정조사를 통해 진상을 밝혀내야 할 사안으로 남음.

2023년 8월 2일 해병대 수사단(수사단장 박정훈 대령)이 임성근 사단장 포함 8명에게 업무상과실치사 혐의를 적시해 경찰에 사건 이첩했으나, 국방부 검찰단이 당일 저녁에 사건 기록을 회수하고, 수사단장 박정훈 대령을 항명 혐의로 입건.

2023년 8월 18일 윤석열 대통령, 미국에서 한미일 정상회담에 참여해 일본의 후쿠시마 원전 오염수 방류에 동의.

2023년 11월 29일 부산 엑스포 유치 실패. 단 29표를 획득하는 데 그쳤음에도, 투표 전날까지 유치가 유력하다고 국민을 기만함. 유치 관련 예산으로 무려 5천억 원이 넘는 혈세를 투입함.

2023년 11월 28일 김건희 여사가 최재영 목사로부터 고가의 디올 백을 선물 받는 영상이 공개됨. 이후 샤넬 향수, 고급 위스키까지 선물 받은 것 확인됨.

2023년 12월 31일 윤석열 정부 2년 연속 연간 소비자물가 3% 이상 폭등.

2023년 12월 31일 2023년 한국 경제성장률이 25년 만에 일본에 추월당함.

2024년 1월 2일 이재명 더불어민주당 대표, 극단주의 성향 괴한으로부터 피습. 제1야당 대표가 정치테러로 생명이 위험할 수 있었으나, 정부 여당은 병원 헬기 특혜로 본질을 흐림.

2024년 1월 8일   윤석열 대통령, 김건희 주가조작 특검법과 대장동 50억 클럽 특검법에 대해 거부권 행사.

2024년 1월 18일   대통령 경호실, 전북특별자치도 출범식에서 진보당 강성희 국회의원이 "국정 기조를 바꾸라"라고 이야기하자, 입을 틀어막고 사지를 들어 끌어냄.

2024년 1월 30일   윤 대통령, 이태원 참사 특별법에 대해서도 거부권 행사.

2024년 2월 16일   윤 대통령에게 R&D 예산 감축에 항의하던 카이스트 졸업생이 입을 틀어막히고 사지가 들려 끌려나간 후 경찰서로 연행되는 사태 발생.

2024년 3월 7일   스웨덴 '민주주의 다양성 연구소'는 한국의 민주주의 지수가 2021년 17위에서 2023년 47위로 30계단(179개국의 민주주의 지수 산출에서 한국 28위→47위)이나 떨어졌다며, 윤석열 정부 들어 한국이 독재화 과정에 접어들었다고 지적.

2024년 3월 4일   해병대 채 상병 순직 사건에 대한 수사 외압 책임자로 의심되는 이종섭 전 국방부 장관을 '호주대사'에 임명.

2024년 3월 14일   대통령실 황상무 시민사회수석이 '회칼 언론인 테러 사건'을 언급하며 비판적인 언론을 협박하는 일이 발생함.

2024년 3월 18일   윤석열 대통령이 하나로마트 양재점을 방문해 "대파 한 단 가격이 875원이면 합리적"이라고 말함. 875원은 대통령 방문에 맞추어 인위적으로 끌어내린 가격이었음.

2024년 4월 10일　　제22대 총선에서 집권 여당인 국민의힘이 참패하고 야당이 압승함.

2024년 4월 29일　　윤석열 대통령, 이재명 민주당 대표와 취임 후 처음으로 여야 영수 회담 개최.

2024년 5월 2일　　21대 국회 막바지에 채 상병 특검법 통과. 법안의 공식 명칭은 '순직해병 수사 방해 및 사건은폐 등의 진상규명을 위한 특별검사법'.

2024년 5월 21일　　윤석열 대통령, 채 상병 특검법 거부권 행사.

2024년 6월 20일　　윤석열 대통령 탄핵 발의 국회 청원 글 등장. 이후 동참자가 급격히 증가해 국회 법사위의 1~2차 청문회를 끌어냄.

2024년 6월 25일　　김규현 변호사, 채 상병 사건 수사 외압과 임성근 사단장 구명 로비에 김건희 여사가 개입하였다는 의혹이 담긴 녹취록을 공익제보함.

2024년 7월 4일　　제2차 채상병 특검법 22대 국회 통과.

2024년 7월 9일　　윤석열 대통령, 제2차 채상병 특검법 거부권 행사.

2024년 7월 19일　　윤석열 대통령 탄핵 조사를 위한 국회 법사위 1차 청문회 진행.

2024년 7월 20일　　서울중앙지검, 대통령 경호실 별실에서 김건희 여사 관련

조사 진행함. 당시 검사들은 휴대전화를 반납하고 경호실 별실로 찾아가 조사하여 '황제 알현 조사'라는 범국민적 비난에 직면함.

2024년 7월 20일　　　윤석열 대통령 탄핵을 위한 국회 청원에 한 달간 143만 4천 명 이상이 동의하며 마무리됨.

2024년 7월 26일　　　윤석열 대통령 탄핵 조사를 위한 국회 법사위 2차 청문회 진행.

2024년 8월 6일　　　윤석열 대통령, 뉴라이트 인사로 분류되는 김형석을 독립기념관장으로 임명.

2024년 8월 15일　　　광복회가 단체 창립 후 처음으로 정부 주최 광복절 기념식을 거부하고 야당, 시민사회와 함께 별도 광복절 기념식 진행함.

2024년 8월 22일　　　서울중앙지검 수사팀, 이원석 검찰총장에게 김건희 여사 명품백 뇌물수수 사건 등을 무혐의로 처리하겠다고 보고함.

2024년 8월 23일　　　이원석 검찰총장, 김건희 여사 명품백 뇌물수수 사건 등에 대해 검찰수사심의위원회 직권 소집 결정.

2024년 8월 29일　　　윤석열 대통령 취임 후 세 번째 기자회견.

2024년 9월 2일　　　1987년 대통령 직선제 개헌 이후 현직 대통령 최초로 국회 개원식에 불참.

2024년 9월 3일　　　야권 6개 정당, 채 상병 특검법안 국회 재발의.

2024년 9월 11일　　민주당 김정호·강득구·문정복·민형배·박수현·복기왕·김준혁·부승찬·양문석 의원, 조국혁신당 황운하 의원, 사회민주당 한창민 의원, 진보당 윤종오 의원, 〈윤석열 대통령 탄핵연대〉 결성 후 국회 소통관에서 발족식 진행.

2024년 9월 12일　　김건희 여사와 관련된 도이치 모터스 주가조작 공범들이 1심보다 무거운 형량으로 유죄가 선고됨. 특히 1심에서 무죄 선고를 받은 전주 손모 씨에게도 주가조작 방조범으로 유죄가 선고됨.

2024년 9월 13일　　윤석열 대통령 지지율이 취임 후 최저치인 20%를 기록(한국갤럽 기준).

2024년 9월 19일　　뉴스토마토, 김건희 여사의 국민의힘 공천개입 문제 특종 보도하며 명태균 씨 녹취록 최초 공개. 이를 계기로 윤석열-김건희-명태균 게이트 표면화됨.

2024년 9월 19일　　김건희 특검법, 채 상병 특검법, 지역화폐법(지역사랑상품권 이용 활성화에 관한 법률 일부 개정안) 국회 본회의 통과. 이로써 김건희 특검법은 두 번째, 채 상병 특검법은 세 번째로 본회의를 통과함.

2024년 9월 23일　　서울의소리, 김대남 용산 대통령실 전 선임행정관과의 녹취록을 최초 공개하며 윤석열-김건희 부부의 불법 공천개입과 불법 당무 개입 특종 보도함. 이를 계기로 윤석열-김건희-김대남 게이트 본격화됨.

2023년 9월 28일　　'윤석열 퇴진을 위한 운동본부'가 주최한 〈윤석열 퇴진 광장을 열자〉 범국민대회 개최. 이 대회에 연인원 약 10만 명이 참여하는 열기를 보임.

2024년 10월 2일 윤 대통령, 김건희 특검법, 채 상병 특검법, 지역화폐법에 재의요구권 행사. 취임 후 24번째 거부권 행사함.

2024년 10월 8일 윤석열 퇴진을 위한 국민 찬반 투표 출범 기자회견 진행. 해당 투표는 www.outvote.kr에서 진행.

2024년 10월 11일 '윤석열 퇴진을 위한 운동본부'가 주최하는 〈윤석열 거부권 OUT 시민문화제〉 개최.

2024년 10월 17일 서울중앙지검, 도이치 모터스 주가조작 사건과 관련해 김건희 여사를 고발 4년 6개월 만에 불기소 처분함. 이로써 김건희 특검법 찬성 여론이 더욱 고조됨.

2024년 10월 21일 윤석열 대통령과 한동훈 국민의힘 대표가 정진석 비서실장 배석 하에 용산 대통령실 잔디밭 파인그라스에서 면담. 이 만남이 성과 없이 끝난 후 국민의힘 내 친윤-친한 간 계파 갈등 격화됨.

2024년 10월 23일 진보당, '윤석열 퇴진 국민투표' 돌입 선포. 원내 정당 최초로 윤석열 대통령 퇴진 요구 장외투쟁 들어감.

2024년 10월 26일 조국혁신당, 박근혜 전 대통령 퇴진 촛불집회 시작일인 10월 26일에 맞추어 '검찰해체·윤석열 대통령 탄핵 선언대회' 개최하고 장외투쟁 본격화.

2024년 11월 2일 더불어민주당, 대통령실과 여당에 김건희 특검 수용 요구하며 '김건희 국정농단 규탄 범국민대회' 개최.

1

일러두기

이 책은 안진걸, 임세은, 공희준 세 사람의 대담집입니다. 1부 '혼돈의 시간', 2부 '선 긋는 민심'은 2024년 7월에 실시한 두 차례의 만남을 토대로 정리하였고, 3부 '2024년, 또다시 가을'은 2024년 10월 초 추가로 대담을 실시하여 완성하였습니다.

→ 혼돈의 시간

탄핵청원 동의 140만 돌파

공희준   국회 공식 누리집에 올라온 〈윤석열 대통령 탄핵소추안 즉각 발의 요청에 관한 청원〉에 동의한 누리꾼 수가 100만 명을 훌쩍 넘어 오늘인 2024년 7월 10일 수요일 기준으로 무려 130만 명을 돌파했습니다. 아무래도 이 일을 주제로 대담의 서두를 열어야 할 것 같습니다.(같은 달 20일에 종료된 해당 청원의 최종 동의자 수는 1,434,784명으로 집계되었다. 이는 청원 심사기준인 5만 명의 약 28.7배에 달하는 숫자다.)

안진걸   청원에 동의하는 시민들의 숫자가 너무 많아서 국회 홈페이지 서버의 기능이 마비될 지경이었습니다. 전임 문재인 정부 시절에는 청와대 홈페이지가 민의를 표출하는 공간 역할을 했습니다. 그때도 국회 청원 기능은 있었는데, 인기가 없었습니다. 그런데 윤석열 정부가 대통령 집무실을 용산으로 옮기면서 청와대의 국민청원 기능을 슬그머니 없애버렸습니다. 그 자리에 '국민제안'이라는 명칭의 서비스를 대신 넣었는데, 그러자 참여율이 문재인 정부 때와 비교해 0.7 % 수준에 불과할 정도로 급락했습니다.

저는 이 일이 윤석열 정부의 총체적 퇴행 현상을 상징적으로 보여주는 시발점이라고 생각합니다. 멀쩡히 작동하던 국민청원을 없애버린 다음, 썰렁해서 파리만 날리는 국민제안을 우격다짐으로 만들었기 때문입니다. 청와대 국민청원이 사라지자 시민들은 대안을 찾기 시작했습니다. 그러다가 발견한 것이 국회의 '국민동의청원'이었습니다. 권력이 틀어막은 민심의 통로 역할을 국회 청원이 맡게 된 배경입니다.

윤석열 대통령 탄핵 요구는 박근혜 전 대통령 탄핵 요구와 모양새가 조금 다릅니다. 박 전 대통령 탄핵 때는 길거리로 민심이 집결했습니다. 탄핵 요구 집회가 거듭될수록, 집회 참가자도 늘었습니다. 1차 범국민행동대회에는 3만 명이었는데, 2차 대회에는 20만 명의 국민이 동참했습니다. 3차 대회가 열린 2016년 11월 12일에는 무려 100만 명 넘게 운집했습니다. 그러나 지금은 그때처럼 사람들이 길거리로 나오지 않습니다. 탄핵으로 출범한 문재인 정부가 시민들이 기대한 만큼의 개혁을 이뤄내지 못한 것이 어느 정도 영향을 미쳤다고 생각합니다. 윤석열 정부의 등장을 막지 못한 더불어민주당에 대한 실망도 상당 부분 작용했을 테고요.

공희준　　박근혜 대통령 탄핵 당시에는 야당과 언론이 빠르고 적극적으로 움직였는데, 지금은 그때에 비하면 소극적인 모습입니다.

안진걸　　물밑에서는 나름대로 각개약진하고 있다고 생각합니다. 정권의 실정을 고발하거나, 윤 대통령 부부 관련 비리 의혹을 다룬 언론 보도가 최근 들어 눈에 띄게 늘었습니다.[1] 국정농단의 징후와 헌법 유린의 흔적이 곳곳에서 포착되고 있습니다. 따라서 거리 집회에 참석하는 사람의 수로 민심의 온도와 방향을 지레짐작해서는 안 됩니다. 지금은 온라인 공간이 민심의 해방구 역할을 해주고 있기 때문입니다.

공희준　　날씨 영향도 클 것 같습니다. 한여름이라서 사람들이 야외에 장시간 모여 있기에 어려움이 있으니까요.

안진걸　　때마침 '탄핵명(https://candle.gobongs.com)'이라는 웹사이트가 개설됐습니다. 윤석열 대통령 탄핵소추안에 동의한 시민들의 숫자를 실시간으로 알려주는 곳입니다. 불명이나 물명이라고 해

---

1. 경향신문이 뉴스 빅데이터 서비스 빅카인즈에서 '탄핵'을 키워드로 검색한 결과 2014년 7월 1일부터 14일까지 탄핵과 관련해 1,097건의 보도가 이뤄진 것으로 조사되었다. 2024년 1월 1일부터 7월 14일까지를 기준으로 하는 탄핵 관련 기사는 전체 3,764건으로 나타났다. (경향신문 정치부 문광호 기자 보도)

서 불이나 물 같은 특정 대상을 조용히 바라보며 몸과 마음의 위안을 받는 행위가 유행하고 있습니다. '탄핵멍'은 탄핵에 동의하는 사람 수가 증가하는 광경을 지켜보며 위로와 치유를 얻는다는 취지로 만들어졌습니다. 윤석열 대통령 집권 이후 대다수 한국인의 삶이 얼마나 고되고 팍팍해졌는지를 보여주는 일면입니다.

저는 100만 명의 사람들이 온라인 탄핵청원에 동의한 일이 똑같은 숫자의 시민들이 광장과 거리로 쏟아져 나온 일과 본질적으로 차이가 없다고 생각합니다. 다만 의사 표현의 수단과 경로만 달라졌을 뿐입니다. 국회 청원에 동의하기 위해서는 오랜 시간 기다리며 인내해야 했습니다. 청원 페이지에 접속하기 위해 두세 시간을 기다린 분들이 한둘이 아니었으니까요.[2] 시민들의 참여 열기가 그만큼 뜨거웠습니다.

다행히 국회 서버가 급하게 증설돼서 이제는 그런 불편을 겪지 않아도 됩니다. 그럼에도 국회 청원에 동의하는 일은 여전히 까다롭습니다. 무엇보다 주민등록번호는 물론이고 휴대전화 번호까지, 자신의 개인정보를 모두 제공해야 합니다. 은행 창구에서 통장을 개설하거나 대출을 신청할 때 거치는 절차와 크게 다르지 않습니다. 1인 1표제일 뿐만 아니라 철저하게 실명제로 운영되고 있습니

---

2. 윤석열 대통령 탄핵소추안을 발의해 달라는 국회 국민동의 청원에 서명하려는 접속 대기 인원은 2024년 6월 27일 오전 10시 20분경 3만 5천여 명에 달했다. 예상 대기 시간은 2시간 20분이었다. (한겨레신문 정치부 고한솔 기자 보도)

다. 익명에 숨어서 할 수 없는 일입니다.

　윤석열 정부는 문재인 대통령 탄핵을 요구하는 청와대 청원에도 100만 명 넘는 인원이 참여했었다며 국회 탄핵소추 청원의 의미를 축소하고 있습니다. 그러나 청와대 청원은 SNS 계정만 있으면 동의할 수 있었습니다. 1인이 3회까지 중복 청원도 가능했습니다. 청와대 청원이 정치적 의사 표현의 수단이기보다 민원 창구의 성격이 강했기 때문입니다. 그러나 국회 청원은 국회법에 근거한 법률적 차원의 청원이기 때문에, 한 사람이 한 번만 동의 표시를 할 수 있습니다. 허수도 없고 거품도 없습니다. 따라서 청원에 참여한 사람이 5만 명을 넘으면 소관 국회 상임위원회에서 청원 내용을 심사한 다음, 내용이 타당하다고 판단되면 본회의에 안건으로 상정할 수 있습니다.

공희준　　요즘 인공지능(AI) 기술이 발달하다 보니, 특정 프로그램을 이용해 사람 대신 기계가 청원에 참여했다고 주장하는 의견도 있습니다.

안진걸　　청원에 참여하려면 휴대전화로 6자리 인증번호를 전송받은 다음, 그 숫자를 일일이 손으로 입력해야 합니다. 조작 가능성을 최소화하기 위해서입니다. 그 귀찮고 번거로운 과정을 기꺼이 감수하면서까지 수많은 국민들이 윤석열 대통령 탄핵소추 발의 국회 청원에 자신의 이름을 보태고 있습니다. 귀차니즘의 압박을 참고 견디면서요.

공희준 귀차니즘은 먹고사니즘과 더불어 우리 시대 일상생활의 양대 이데올로기로 자리 잡고 있습니다.

안진걸 그러니 얼마나 탄핵을 절실하게 바라고 있다는 뜻이겠습니까? 개인정보 유출 사건이 빈발하다 보니, 사람들이 개인정보 관리에 무척 예민합니다. 그런데도 윤 대통령 탄핵소추 청원이 마른 날의 들불처럼 커졌습니다. 백만 명 넘는 사람이 탄핵 청원의 긴 행렬에 합류했습니다. 어떻게 보면 기념비적 사건입니다. 그걸 폄훼하기 위해 여당 내에서 민주당원들만 청원에 동참했느니, 북한의 개입이 의심된다느니 하는 식으로 궤변을 동원하고 있습니다.

실명으로 참여해야 하는 청원에 100만 명 넘게 동의했다는 건 무척 놀라운 일입니다. 이름만 적으면 되는 단순한 서명 운동에도 100만 명 넘게 참여하는 경우는 거의 없었습니다. SNS를 이용해 로그인할 수 있고 중복 청원도 가능했던 청와대 청원의 경우에도 100만 명 이상 동의한 사례는 무척 드뭅니다. 이번 탄핵 국회 청원의 열기를 가볍게 넘겨서는 안 되는 이유입니다. 하지만 여당과 대통령실은 이 같은 민심의 무서운 경고를 무시하고 폄훼하는 모습입니다. 정부를 옹호하는 극우 유튜버 중에는 '배후에 중국이 있다'라는 근거 없는 음모론마저 퍼뜨리는 사람도 있습니다.

공희준　　극우 유튜버들 상당수는 부정선거 음모론으로 꽤 짭짤한 금전적 이익을 거뒀습니다. 돈에 맛을 들인 그들이 이번에 또 무슨 행동을 할지 모릅니다.

안진걸　　국민의힘 의원들의 망언 역시 목불인견입니다. 곽규택 의원은 탄핵 청원 내용과 김여정 북한 노동당 부부장의 발언이 비슷하다며 딴죽을 걸었습니다. (7월 9일 진행된 국회 법제사법위원회 전체 회의에서 국민의힘 소속 곽규택 의원은 윤석열 대통령 탄핵소추안 청원 관련 청문회 실시는 민주당이 조선노동당의 2중대임을 자인하는 일이라고 주장하며 시대착오적 종북 몰이를 시도했다. 바로 전날 김여정 조선노동당 부부장이 발표한 담화에 윤석열 대통령 탄핵소추 발의 요구 청원 관련 내용이 언급됐다는 게 그러한 주장의 거의 유일한 근거였다.) 성일종 의원은 탄핵을 청원한 사람들을 향해 시대착오적인 이념 몰이와 종북 공세를 펼쳤습니다. 그렇게 억지를 부릴수록 윤석열 정부과 국민의힘을 향한 국민의 분노지수는 증가할 것입니다.

　　김진태 현 강원지사는 박근혜 전 대통령 탄핵 국면에서 "촛불은 바람 불면 꺼진다"라는 얼토당토않은 말을 한 적이 있습니다. (김진태 강원도지사는 국민의힘 전신인 새누리당 소속 국회의원 시절인 2016년 11월 17일 열린 국회 법사위에서 "촛불은 촛불일 뿐 결국 바람이 불면 꺼지게 돼 있다"라며 박근혜 국정농단 의혹 수사 특검법에 반대 의사를 표명한 바 있다.) 거기에서 한 발걸음도 나아가지 못한 게 대한민국의 보수세력입니다.

홍준표 대구시장은 뭔가 촉이 왔는지 현재의 분위기가 박근혜 탄핵 때와 비슷하다며 두려움을 표현했습니다. 국민들이 분노에 차 있는 모습이나, 대통령 지지율이 20%대 박스권에 갇혀 있는 현상이 심상치 않다는 분석이지요. 설상가상으로 여당은 전당대회를 거치며 자중지란에 휩싸였고요.

리더인가, 보스인가

공희준　윤석열 정부가 들어선 지 2년이 지났습니다. 임세은 대변인께서 거버넌스의 관점에서 윤석열 정부에 대한 중간평가를 해주셨으면 합니다.

임세은　윤 대통령을 군주의 유형으로 분류한다면, 저는 혼군(昏君)의 범주에 넣겠습니다.

공희준　어리석은 임금 말씀인가요?

임세은　예. 저는 국가 기강이 무너진 점이야말로 윤석열 정부의 가장 큰 실정이라고 봅니다. 윤 대통령과 김건희 여사가 집무실을 공동으로 쓰는 것 아니냐는 의구심이 세간에 퍼진 일이 있습니다.[3]

임기 초 대통령실에서 외부에 공개한 사진들을 보면, 권력의 중심이 누구인지 혼란스러울 정도였죠. 몇몇 사진들에는 영부인이 한가운데 있고, 대통령은 저 멀리 외곽으로 밀려난 모습이었습니다. 사진만 그런 게 아니라, 의전도 김건희 여사 위주로 돌아간 모양새였습니다.

박근혜 정부 당시, 대통령이 여당 당무에 개입한 일이 문제가 된 적이 있습니다. 그런데 윤석열 정부에서는 대통령은 물론 김건희 여사까지 당무에 참견하는 형국입니다. 김 여사가 22대 총선을 앞두고 한동훈 당시 국민의힘 비대위원장에게 보낸 문자 메시지는 노골적인 당무 개입의 증거입니다. 민주주의는 국가가 정상적인 시스템으로 작동해야 유지될 수 있는 체제입니다. 권한을 부여받지 않은 권력이 정부 여당을 쥐락펴락하면 민주주의는 필연적으로 훼손되고 맙니다.

윤석열 대통령은 지난 대통령 선거에서 0.73%라는 근소한 차이로 당선됐습니다. 그러나 압도적 득표율로 승리한 사람처럼 일방적으로 국정을 운영하고 있습니다. 대통령은 통합의 구심점 역할을 해야 합니다. 특정 정파의 보스처럼 움직여서는 안 됩니다.

문재인 전 대통령에 대한 오해가 있습니다. 문 전 대통령이 특정

---

3. 2022년 6월 5일, 대통령실의 한 고위 관계자에 따르면 윤석열 대통령이 임시 집무실로 사용 중인 옛 국방부 청사 5층 사무실이 부인 김건희 여사의 접견실로 새롭게 단장돼 사용될 예정인 것으로 알려졌다. (중앙일보 정치부 박인혜 기자 보도)

진영의 대통령이 되려고 했다는 인식입니다. 그러나 제가 보기에는 대선에서 자신을 지지하지 않은 국민들의 의견과 바람을 최대한 존중하려고 노력했습니다. 심지어 이명박, 박근혜 전 대통령도 지금처럼 열성 지지층만 바라보는 편협한 국정 운영을 하지는 않았습니다. 적어도 그분들은 자신들을 반대하는 사람들의 의견을 들어주는 척은 했다고 생각합니다. 윤 대통령은 그런 최소한의 쇼조차도 하지 않습니다. 자기편이 아닌 사람들을 싸잡아 공산 전체주의 세력으로 거칠게 매도했으니까요.[4]

윤석열 정부와 여당은 인간의 존엄성에 상처를 입혔습니다. 여당 정치인 몇몇은 참혹한 수해현장에서 홍보용 기념사진을 찍었습니다. 이태원 참사 당시에는 유가족에 대한 위로보다 이상민 장관 등 윗선에 대한 책임 추궁 차단이 먼저였습니다. 청주 오송 지하차도 침수 참사에서, 새만금 세계 스카우트 잼버리 대회의 총체적 파행에서, 해병대 제1사단 채 모 상병 순직 사건에서 인간의 존엄성을 최우선에 두었다면 지금과 같은 국민적 분노는 일어나지 않았을 겁니다. 이대로 국정이 이어진다면, 또 언제 어디서 비극적 사건 사고가 터질지 모릅니다.

---

4. 윤석열 대통령은 2023년 8월 15일 치러진 광복절 기념식 경축사에서 "공산 전체주의를 맹종하며 조작·선동으로 여론을 왜곡하고 사회를 교란하는 반국가 세력들이 여전히 활개치고 있다"라고 주장해 야당과 시민사회의 강력한 반발을 샀다. 그는 같은 해 9월 1일에 있었던 국립외교원 개원 60주년 기념식 기념사에서 "공산 전체주의 세력과 반국가 세력이 반일 감정을 선동하고 있다"라고 말하기도 했다.

공희준   윤석열 대통령이 친일 뉴라이트 역사관에 포획됐다는 우려 섞인 목소리도 여기저기서 제기되고 있습니다.[5]

임세은   윤석열 정부는 일본의 독도 침탈 야욕에 강력히 대응하지 않고 있습니다. 일제 강점기 한국인 노동자 징용 문제와 관련해서는 누가 봐도 일본의 손을 들어주는 방안을 해법이라며 내놨습니다. 대통령 스스로 대한민국 대법원의 판례보다 일본 측 주장에 힘을 싣는 반헌법적이고, 반국가적인 모습을 보였습니다.

상황이 이러니 사회 정의도 무너지고 있습니다. 검사 윤석열이 대통령이 될 수 있었던 건, 지지자들에게 공정과 상식의 수호자로 인식되었기 때문입니다. 하지만 대통령이 된 이후, 윤석열 대통령 본인과 김건희 여사, 장모 최은순 씨 세 사람과 연관된 불미스러운 의혹들이 끊이지 않고 있습니다. 도이치 모터스 주가 조작 사건을 보죠. 벌써 몇 사람이 재판에서 유죄가 선고됐고, 주가 조작의 몸통이 누구인지 점점 더 뚜렷해지고 있음에도 검찰은 김 여사에 대한 제대로 된 조사를 한 적이 없습니다.[6] 반대로 윤석열 정권이 정적으

---

5.   이종찬 광복회 회장은 독립기념관 차기 관장 후보 3명이 일제 식민 지배를 미화하는 뉴라이트 계열 인사로 선발됐다며 정부에 전면 철회를 촉구했다. (CBS 노컷뉴스 홍제표 기자 보도) 2024년 7월 30일에는 식민지 근대화론을 강변해온 김낙년 동국대 명예교수가 정부출연연구기관인 한국학중앙연구원 제20대 원장에 임명돼 파문을 낳았다. 김 교수는 일제 강점기의 수탈과 착취를 정당화했다고 비판을 받는 책인 《반일 종족주의》의 공저자이기도 하다. (오마이뉴스 이정윤 기자 보도)

로 생각하는 야당 대표와 관련해서는 지금까지 330회 넘게 압수수색을 강행했다고 합니다. 증거가 없으면 증거를 만들어서라도 수사하겠다는 태도 아닐까요? 수사의 외피를 쓴 탄압이고 괴롭힘이라고 생각합니다.

의사결정 과정도 불투명합니다. 정부의 주요 정책과 시책에 대해 국민에게 소상히 설명한 적이 거의 없습니다. 국민에 대한 설득도 없고, 설명도 없습니다. 일례로 포항 앞바다에 다량의 원유와 천연가스가 매장되어 있다는 발표가 어떻게 나왔는지 여전히 수수께끼로 남아 있습니다. 대통령이 다급하게 등장해 석유 자원의 부존 가능성을 언급했는데, 정작 주무 부처인 산업통상자원부는 그와 관련해 잘 알지 못했다는 반응입니다. 대통령이 누구에게 무슨 이야기를 듣고 판단과 결정을 내리는지, 윤석열 정부가 출범한 지 2년 반이 다되도록 베일에 휩싸여 있습니다.

시추 비용으로 초기에만 1조 원이 든다고 합니다. 그 돈이 어디서 나오겠습니까? 모두 국민이 낸 세금입니다. 그러나 비용 부담의 주체인 국민은 영일만 석유 탐사에 관해 충분한 경위 설명을 들

---

6. 2024년 7월 2일 열린 '도이치모터스 주가조작 사건' 항소심에서 검찰은 권오수 전 도이치모터스 회장 등 피고인 9명 모두에게 모두 실형을 구형했다. 주가 조작 방조 혐의가 추가된 전주(錢主) 손 모 씨에게는 징역 3년이 구형됐다. 손 씨의 방조죄가 인정되면 역시 전주 역할을 했다는 의혹을 받는 김건희 여사에게도 영향을 미칠 것으로 분석되었다. (경향신문 김나연 기자 보도) 그러나 검찰은 10월 17일 김건희 여사의 도이치모터스 주가 조작 사건 연루 의혹에 대해 불기소 처분했다.

은 바 없습니다. 국민의 궁금증을 속 시원하게 풀어주는 게 정부의 의무이고 자세입니다. 하지만 누구도 자세히 설명하지 않고 있습니다. 주무 부처면서도 패싱을 당한 산업자원부도 답답하기는 마찬가지일 겁니다. 용산으로의 대통령실 이전부터 영일만 석유 시추까지, 투명성을 찾아보기 어려운 일들의 연속이었습니다.[7]

공희준　대통령 집무실을 청와대에서 용산으로 옮기는 데 누가 어떤 역할을 했는지도 여전히 오리무중인 것 같습니다.

임세은　정식으로 정부가 출범하지도 않은 인수위 시절에 대통령실 이전이 발표됐습니다. 느닷없이 발표가 이뤄졌고, 여기에 1조 원 이상의 귀중한 나랏돈이 투입되는 것으로 추산되었습니다. 구중궁궐을 벗어나 국민 속으로 돌아가는 게 용산으로 이전하겠다는 핵심 명분이었습니다.

공희준　권위주의 청산을 강하게 부르짖었던 기억이 납니다.

7.　김한규 더불어민주당 의원이 2024년 7월 2일 석유공사 등에서 받은 자료에 따르면 동해 심해 유전 탐사 시추를 추진 중인 한국석유공사가 2023년 11월 시추에 필요한 자재 등의 계약을 발주한 것으로 드러났다. 미국 자문업체 '액트지오'는 2023년 12월 석유공사에 탐사자료 분석 결과를 통보했으므로 석유공사는 결과를 받기도 전에 이미 계약부터 발주한 셈이었다. (경향신문 김경학 기자 보도)

임세은   문재인 정부 당시에도 그러한 시도와 노력이 있었습니다. 이를 위해 문 대통령 취임 이후 1년간 각계각층의 의견을 폭넓게 수렴했습니다. 그러나 현실적으로 실행하기 어렵다는 결론을 내렸습니다. 저는 용산으로 대통령 집무실을 옮기기 어려운 이유가 담긴 자료를 문재인 정부가 새 정부의 인수위원회에 제공한 것으로 알고 있습니다. 그러나 모두 무시하고 이전을 밀어붙였습니다.[8]

청와대 이전은 저도 필요하다고 생각합니다. 단, 장기적 안목으로 추진돼야 합니다. '번갯불에 콩 구워 먹듯' 졸속으로 추진할 일이 아닙니다. 그러나 윤석열 정부는 속도전이라도 벌이는 것처럼, 국방부를 밀어내고 그 자리를 차지했습니다. 왜 국방부 건물로 대통령실을 옮겨야 하는지, 상세하고 구체적인 사유는 제시하지 않았습니다. 대통령실을 옮기는 건 정부 전체를 옮기는 것만큼 중차대한 일입니다. 이런 막중한 과제를 충분한 논의 없이 강행했습니다. 국민의 의견도, 다양한 전문가의 조언도 구하지 않았습니다.

---

8.   박수현 청와대 국민소통수석은 2022년 3월 21일 오후 문재인 대통령이 주재한 국가안전보장회의(NSC) 확대관계장관회의 결과 브리핑에서 "특히 한반도 안보 위기가 고조되고 있어 어느 때보다 안보 역량의 결집이 필요한 정부 교체기에 준비되지 않은 국방부와 합참의 갑작스런 이전과 청와대 위기관리센터의 이전이 안보 공백과 혼란을 초래할 수 있다는 우려를 충분히 살펴볼 필요가 있고, 현 청와대를 중심으로 설정되어 있는 비행금지구역 등 대공방어체계를 조정해야 하는 문제도 검토되어야 한다"고 지적했다. (충청일보 이득수 기자 보도)

막무가내로 밀어붙인 대통령실 이전

안진걸　　대통령실 이전은 국민의 의견과 동의를 반드시 구해야 하는 일입니다. 윤 대통령이 자신의 사재를 출연해 진행한 프로젝트가 아니잖아요. 나랏돈으로 하는 일입니다. 대통령실 이전은 원칙적으로 국무회의 의결이 필요합니다. 그런데 윤석열 정부는 이 과정을 생략한 채 이전을 밀어붙였습니다. 그 어떤 제도적, 법률적 뒷받침 없이 윤 대통령 측근 몇몇이 이전에 총대를 멨습니다.

국방부 대변인 출신인 민주당 부승찬 의원의 말에 따르면, 김용현 대통령 경호처장(현 국방부 장관)과 윤한홍 국민의힘 의원이 국방부로 찾아와 다짜고짜 짐을 빼라고 윽박질렀다고 합니다. 심지어 그 일이 있었던 건 윤석열 정부가 들어서기도 전인 인수위 시절이었습니다. 문재인 정부에 제대로 동의도 받지 않은 채 독단적으로 이전을 추진한 겁니다.

공희준　그때는 윤 대통령이 당선인 신분이었을 텐데, 그렇다면 공적 권한이 없지 않나요?

안진걸　대통령 당선인의 법적 지위에 관한 규정이 있기는 합니다. 하지만 당선인은 말 그대로 당선인일 뿐입니다. 취임하기 전까지는 대통령이 아닙니다. 따라서 전임 정부와 명확한 인수인계가 전제된 상황에서 이전이든 뭐든 추진해야 합니다. 대통령 집무실이 옮겨간다는 건 국방과 외교 같은 국가의 컨트롤 타워가 옮겨간다는 뜻입니다. 잠시도 공백이 허용될 수 없는 일이 안보인데, 그런 위험을 감수하며 이전을 강행했습니다. 국방부가 옮겨야 하니, 주요 군 시설들도 도미노처럼 연쇄적으로 옮겨야 했습니다. 위험이 뻔히 예견되는 상황임에도 용산으로의 이전을 불사한 겁니다.

공희준　보수를 자처하는 사람들이 국가안보를 희생시키는 초유의 사태를 만들었군요.

안진걸　대통령 집무실을 옮겨야 하니, 대통령 관저도 옮겨야 했습니다. 그렇게 들어간 곳이 한남동에 자리한 외교부 장관 공관이었습니다. 본래 그곳은 주한 외교 사절들을 초청해 다양한 행사를 치르는 공간이었습니다. 그게 청와대 이전 여파로 사라졌습니다. 후유증과 부작용이 꼬리를 물듯 이어질 수밖에 없었습니다.

공희준　대통령 관저 실내 공사를 둘러싸고도 뒷말이 많았습니다. 무자격 업체가 시공을 했다는 소리까지 들렸거든요.[9]

임세은　김건희 여사와 관련된 업체라는 소문이 파다했습니다. 저는 전기공사가 부실하게 처리됐다는 말을 듣고 경악을 금할 수 없었습니다.

안진걸　대통령 관저 공사를 하면서 불법적으로 전기를 끌어다 썼다가 망신을 당했기도 했습니다.[10]

공희준　여기서 제가 의구심이 생기는 지점이 있습니다. 아무리 당선인이라도 민간인 신분이던 때였는데, 문재인 정부에서는 왜 아

9.　이상민 행정안전부 장관은 서울 용산구 한남동 대통령 관저 인테리어 공사를 수의계약한 '21그램'이 전기공사업 면허를 보유하지 않은 무자격 업체인 사실을 알지 못했다고 2022년 8월 29일 열린 국회 행정안전위원회 전체회의에서 밝혔다. 행안부는 대통령 관저 공사 관련 업체들과 계약을 맺은 주무 부처이다. (오마이뉴스 이경태 기자 보도) 21그램은 김건희 여사가 창업한 코바나 컨텐츠를 후원·협찬해온 회사였다.

10.　대통령 관저 리모델링 공사를 수의계약으로 따낸 인테리어 업체가 공사 과정에서 주변 전기를 무단으로 끌어다 쓰다가 적발된 것으로 나타났다. 해당 업체 대표가 윤석열 대통령 배우자 김건희 여사와 친분이 있는 것으로 알려지면서 특혜 의혹을 받고 있다. 이동주 더불어민주당 의원은 2022년 8월 23일 "한남동 관저 리모델링 시공업체 A사의 하청업체 B사가 임시전력 신청 없이 무단으로 전기를 사용해 지난 7월 한국전력공사에 적발됐다"고 밝혔다. 이 의원실이 한전으로부터 자료를 받아 공개한 내용이다. 이 의원실에 따르면 B사는 2022년 6월 18일부터 7월 23일까지 36일 동안 2,538kWH의 전기를 무단으로 사용했다. 요금으로 환산하면 498,000원 수준이다. (경향신문 조문희 기자 기사)

무도 청와대 이전에 강력히 제동을 걸지 않았나요?

안진걸　문 전 대통령은 인수위원회를 향해 청와대를 졸속으로 이전하면 어떤 문제가 있는지를 두 차례 정도 공개적으로 지적했습니다. 그렇지만 공무원 조직의 생리상 퇴임을 앞둔 대통령보다는 취임이 임박한 당선인의 입김과 영향력이 훨씬 더 강할 수밖에 없습니다. 그런 점 때문에 문재인 정부는 우려를 표하는 수준에 머물고 말았습니다. 저는 이제라도 대통령 당선인의 지위와 대통령직 인수위원회의 권한을 법률적으로 명확하게 정의해야 한다고 봅니다.

공희준　대통령 당선인이 법에도 없는 권능을 휘두르는 일은 없어야 할 테니까요.

안진걸　그렇습니다. 인수위 시기부터 윤석열 정부는 비선개입 논란에 휩싸였습니다. 그 당시에는 이른바 무속세력이 국정을 좌지우지한다는 의심이 세간에 퍼졌습니다. 청와대가 터가 좋지 않아서 이전을 추진한다는 이야기가 파다했거든요. '이채양명주'의 뿌리는 어쩌면 대통령실의 무리한 이전에서 기원했을 수도 있습니다.[11]

공희준　이채양명주를 독자들이 알기 쉽게 한번 풀어서 설명해주셨으면 합니다.

안진걸　‘이’태원 핼러윈 데이 참사, 해병대 ‘채’ 상병 순직 사건, 서울-‘양’평 고속도로 노선 무단 변경 의혹, 김건희 여사의 ‘명’품 가방 수수 의혹과 도이치 모터스 ‘주’가 조작 사건을 묶어서 만든 용어입니다. 그리고 그 출발점이 윤 대통령이 당선인 시절에 "청와대에는 하루는커녕 단 한 시간도 들어가지 않겠다"라고 버텼던 일입니다. 납득할 수 있는 이유를 충분히 제시하지 못한 채 청와대 입주를 거부하니, 무속인의 영향이 배후에서 작용한 것 아니냐는 의구심이 터져 나왔습니다.

공희준　청와대는 오랫동안 대한민국 국정 운영의 사령탑 역할을 해왔습니다. 그런데 저는 이 정부가 청와대를 나온 이후로 대통령과 그를 보좌하는 참모들이 유랑극단이 된 것 같은 인상을 받습니다. 대통령실이 국방부 청사에 허겁지겁 자리 잡은 모습이 꼭 공사 현장의 임시사무소에 들어가 있는 것 같거든요. 나라 전체가 공중에 붕 떠 있는 것처럼 어수선한 느낌입니다.

임세은　청와대 이전은 국민의 강력한 요구사항이 아니었습니다.

11.　2023년 10월 27일 열린 국회 국방위원회 국방부 국정감사에서 배진교 정의당 의원은 20대 대통령 선거 직후인 2022년 3월 풍수전문가인 백재권 교수가 용산에 위치한 군사보호시설인 육군참모총장 공관과 육군 서울사무소에 민간인 신분으로 허락 없이 불법으로 출입했다고 지적했다. 백 교수의 출입기록이 없다고 말한 이종섭 전 국방부 장관과 신범철 전 국방부 차관의 주장이 허위였음을 폭로한 것이다. (프레시안 이재호 기자)

전문가들의 일치된 견해도 아니었습니다. 사실 청와대는 구중궁궐이라는 비판을 받아왔습니다. 하지만 그 안에는 수십 년에 걸쳐 체계적으로 축적되고 구축된 노하우와 하드웨어가 있었습니다. 함부로 버려서는 안 될 기능과 역할이 있었습니다. 문재인 정부는 그런 점을 균형 있게 고려한 끝에 청와대에 남기로 선택했었습니다.

대표적 자산이 청와대 지하에 만들어진 국가위기관리센터 상황실입니다. 이곳은 국가안전보장회의(NSC)가 열리는 곳이기도 합니다. 대한민국은 분단국가입니다. 국가안보에 한 치의 허점도 있어서는 안 됩니다. 상황실에서는 안보는 물론이고 각종 재난이나 사고와 관련된 상황과 정보들을 실시간으로 일목요연하게 모니터링할 수 있습니다. 대통령을 비롯한 국정의 주요 책임자들이 모여서 전국에서 발생한 일들을 효과적으로 지휘·통제할 수 있도록 시스템을 완비해놨습니다. 어디서 화재가 있었는지, 어디서 수재가 발생했는지 거의 정확하게 파악할 수 있습니다.

저는 국가위기관리센터 상황실이 청와대 안에 계속 존치하고 있었다면 이태원 핼러윈 데이 압사 사고 같은 안타까운 참사가 과연 일어났을까 싶습니다. 기후변화로 인해 한층 더 횟수가 많아지고 강도가 세진 산불과 홍수 등 자연재해에도 지금보다 훨씬 더 잘 대응할 수 있지 않았을까 싶습니다. 현 정부가 청와대에서 빠져나온 이후, 각종 위기와 재해에 대한 국가 차원의 대응이 원활하지 않은 상황입니다.

공희준   대통령이 폭우에 수재민 비슷한 처지가 되어버린 경우는 제 기억으로는 처음입니다. 서울이 강남권을 중심으로 물난리를 겪었던 그때, 윤 대통령과 김 여사가 거주하던 아크로비스타 입주민들이 자기들은 침수 피해를 보지 않았다며 네티즌을 상대로 고소에 나서는 등 난리가 아니었습니다.[12]

안진걸   수재가 닥친 상황에서 윤 대통령이 서초동 자택으로 퇴근해버리면서 문제가 시작됐습니다.

임세은   대통령은 선공후사의 태도가 필요한 자리입니다. 윤석열 대통령이 선공후사의 마음가짐을 가지고 있었다면 그렇게 무책임하게 퇴근하지는 않았을 거라고 생각합니다.

공희준   저는 국정 동력에도 신용카드처럼 한도가 있다고 생각합니다. 국정 동력은 써도 써도 끝없이 솟아나는 화수분이 아닙니다. 윤 대통령은 한도가 명백히 존재하는 그 귀한 국정 동력을 두 가

---

12. 2022년 8월 8일 서울 강남을 중심으로 시간당 100mm가 넘는 역대급 폭우가 쏟아졌다. 윤석열 대통령은 서울 광화문에 있는 중앙재난안전대책본부와 수해현장을 방문하려는 계획을 세웠으나, 경호팀으로부터 폭우로 자택이 자리한 서초동 아크로비스타 인근 도로가 모두 막혀 이동이 불가능하다는 보고를 받고 집에서 수해 관련 보고를 받은 것으로 전해졌다. 윤 대통령은 헬기를 타고 이동하는 방법도 검토했으나 한밤중 이웃 주민들에게 불편을 줄 수 있어 단념한 것으로 알려졌다. (MBN 권지율 디지털뉴스부 인턴기자 보도)

지 일과 씨름하느라 허망하게 소진해버렸습니다. 첫 번째는 청와대를 나와 용산으로 옮겨간 일이고, 두 번째는 이준석 현 개혁신당 의원을 국민의힘 대표에서 물러나게 한 일이었습니다. 강경 보수층은 "정권이 야당에 무기력하게 끌려다닌다"라고 불평을 쏟아내고 있는데, 국정 동력의 한도가 다 소진된 상황에서 무슨 수로 정부 여당이 정국을 주도할 수 있겠습니까?

윤석열 대통령은 이준석 의원을 상대로 전후반에 연장전까지 치르면서 체력이 고갈되었습니다. 그런 뒤에는 잠깐의 휴식시간도 갖지 못한 채 이재명 대표와 조국 대표 두 사람을 상대로 경기에 나선 셈입니다. 그러니 당연히 다리가 풀릴 수밖에요. 툭하면 쥐가 나서 운동장에 쓰러지는 모습을 보인다고 할까요? 처음의 헛발질이 확대 재생산되면서 총체적 난국을 자초했다고 생각합니다. 일관성은 일관성이되 매우 부정적 결과로 이어진 일관성입니다.

꼬리에 꼬리를 무는 문제들

공희준　대통령실을 용산으로 옮기면서 수많은 문제가 파생됐습니다. 용산으로 하루빨리 옮겨야 한다는 누군가의 주장이 윤석열 정부의 임기마저 위태롭게 만들지도 모른다는 생각입니다.

임세은　저는 어디서 또 무슨 사건이 튀어나올지 국민의 한 사람으로서 매우 두렵습니다. 이전하는 과정에서 천문학적 액수의 예산이 소요됐는데, 거기에 떡고물을 노리고 달려든 사람들이 없을 수가 없거든요. 당장 이전 관련 공사를 담당한 업체들의 면면과 선정 절차부터 석연치 않습니다. 대통령실과 연관된 예산 집행은 대단히 까다로울 수밖에 없습니다. 야당과 언론이 쉬지 않고 감시의 눈길을 보내고 있기 때문입니다. 이건 제가 문재인 정부의 청와대에서 근무할 때 직접 경험한 일입니다.

게다가 대통령실은 1급 보안시설입니다. 관리와 유지를 검증되지 않은 주체에 섣불리 맡길 수는 없습니다. 불가피한 사정으로 민간에 맡겨야 할 경우에도, 적합한 절차와 투명한 과정을 거쳐서 업체를 선정합니다. 그런데 이번 대통령실에서는 그와 같은 기본적 절차를 생략한 채 업체를 뽑고 공사를 강행하기도 했습니다.

미국이 대한민국 대통령실을 도청한다는 건 청와대 시절에는 상상할 수 없는 일이었습니다.[13] 보안 관련 공사를 얼마나 허술하게 했으면 그런 말도 안 되는 충격적 사건이 발생할 수 있는지 개탄스럽습니다. 만약 비용을 제대로 지급하고 공사를 진행했다면, 누군가 중간에서 금전을 착복했다고밖에 달리 해석할 방법이 없습니다. 청와대에 그냥 있었다면 국민의 혈세를 지출할 필요도 없었을 테고, 보안에 구멍이 뚫릴 위험도 없었을 겁니다.[14] 그러니 많은 국민이 윤 대통령이나 그 가족과 관련된 특정인 또는 특정 업체의 배를 불려

---

13. 2023년 4월 9일 뉴욕타임스 보도에 따르면 미국 중앙정보국(CIA)국이 신호정보(Signals Intelligence)를 이용해 한국 정부의 우크라이나에 대한 무기 지원 방법과 관련하여 용산 대통령실 안에서 열린 NSC 상임위원회에서 이문희 전 외교비서관이 김성한 전 국가안보실장에게 말한 내용을 입수했다고 한다. (미디어스 고성욱 기자 보도) 용산 대통령실은 이러한 보도를 사실무근으로 부인했으나 이런 의혹이 불거진 지 5개월 뒤인 그해 9월, 대통령 경호처는 86억 6,600만 원의 예비비를 추가로 배정받아 경호·경비 시스템 강화에 나섰다. (한겨레신문 임재우 기자 보도)

14. 신용산역과 삼각지역을 연결하는 용리단길을 자주 드나들던 한 방위산업체 관계자는 보안 담당자로부터 용리단길 식당에서 전 세계 각국의 정보 염탐이 이뤄지고 있으니 삼각지 근처에서는 중요한 모임을 하지 말라는 경고를 받았다고 한다. (국민일보 김지방 디지털뉴스센터장 기명 칼럼 〈용리단길 첩보전〉에서 발췌)

주기 위해 이전을 강행했다고 의심하는 겁니다.

공희준　다음 번에는 누가 집권하건 간에 청와대로 복귀하게 되지 않을까요?

임세은　그러면 또 거액의 예산을 투입해야 하기 때문에 청와대로 재이전 하는 일도 쉽지만은 않을 겁니다. 당분간 용산 대통령실을 사용하면서 대안을 고민하겠죠.
　제가 대통령실을 용산으로 이전하고 나서 청와대를 둘러봤는데, 다시 옮긴다고 생각하니 눈앞이 캄캄했습니다. 심지어 대통령 관저까지 관광지로 바꿔놨거든요. 너무 많이 손을 대놔서 다시 사용할 수 있을지 엄두가 나지 않았습니다.

안진걸　청와대 대신 세종시로 옮기는 방안도 있기는 합니다. 다만, 졸속 이전이 되풀이되지 않도록 차분하게 논의하며 진행할 필요가 있습니다.

공희준　저는 대통령 집무실은 남쪽으로 가면 안 된다고 확신합니다. 그건 통일을 포기한다는 공공연한 의사 표시거든요. 행정기능은 다른 곳으로 갈 수 있을지 몰라도, 외교·안보 관련 기능은 서울에 존치해야 합니다.

안진걸 　대통령실 이전 관련 논란 못지않게 정권 스스로 만든 리스크가 또 있습니다. 이준석 개혁신당 의원(당시 국민의힘 대표)을 대표직에서 물러나게 만든 일입니다.

공희준 　토사구팽 중에서도 최악의 토사구팽이었습니다.

안진걸 　이후 이준석 축출에 그치지 않고 당내 경선에 개입한 일은 더 크고 심각합니다. 유승민 전 의원이 경기지사 후보가 되지 못하도록 막아섰고, 나경원 의원은 초선 의원들의 연판장을 동원해 주저앉혔습니다. 안철수 의원은 '국정 운영의 적'으로 규정되기까지 했습니다. 오죽했으면 안 의원이 대통령실 강승규 시민사회 수석을 고위공직자범죄수사처에 고발까지 했겠습니까?[15]

공희준 　진보진영에서는 윤석열 대통령이 야당 탄압에 혈안이 됐다고 비판하는데, 윤 대통령은 야당 탄압보다 여당 탄압에 성공한 모양새입니다.

15.　안철수 국민의힘 의원은 2023년 3월 7일 오전 BBS 라디오 「전영신의 아침저널」에 출연해 "상상 못하는 일이 너무 많아서 좀 충격스럽다. 대통령실 행정 직원들이 이렇게 전당대회에 개입할 거라고 상상을 못했다"라고 심경을 토로하며 강승규 시민사회수석을 고위공직자범죄수사처에 고발할 방침이라고 밝혔다. (서울신문 권윤희 기자 보도)

안진걸　어느 대통령이든 취임 후 1년은 황금 같은 시기입니다. 그 소중한 1년을 윤석열 대통령은 헛되이 흘려보냈습니다. 외교, 국방, 안보와 관련해서도 준비되지 않은 모습을 너무 자주 노출했습니다. 신중함이 기본인 대외관계 분야에서 조심성 없는 모습을 여러 차례 노출했습니다.

엘리자베스 2세 여왕 장례식에 참석하기 위해 런던까지 가서는 시간을 맞추지 못해 조문하지 못했습니다.[16] 미국에서 열린 글로벌펀드 재정기업 회의에서는 바이든 대통령과 1분도 채 안 되는 48초 동안 잠시 서서 만났습니다. 희대의 48초 정상회담이었습니다. 윤 대통령은 그것 때문에 자존심이 상했는지 회의장을 빠져나오면서 불미스러운 발언을 했다가, 그 장면에 자막을 달아 보도한 MBC에 화를 냈습니다. 국민 귀에는 분명 '바이든'으로 들린 걸 윤 대통령과 집권세력 사람들만 '날리면'으로 들린다고 우겼습니다.

무신불립(無信不立)이라고 했습니다. 국민으로부터 믿음을 얻지 못하면 어떤 정권도, 어느 권력도 안정적으로 존립할 수 없습니다. 뻔히 '바이든'으로 들리는 걸 '날리면'이라고 우기니, 국민은 윤 대

16.　윤석열 대통령과 김건희 여사는 현지 시간으로 2022년 9월 18일 오후 3시 30분경 런던에 도착했으나 교통 사정 등을 이유로 참배 일정을 취소하고 같은 날 오후 6시 찰스 3세 국왕 리셉션 자리에 참석했다. 윤 대통령 부부와 달리 조 바이든 미국 대통령, 나루히토 일본 국왕, 에마뉘엘 마크롱 프랑스 대통령 부부 등 여러 정상들은 리셉션 참석에 앞서 웨스트민스터 홀에 안치된 엘리자베스 2세 여왕의 관을 참배한 뒤 조문록을 작성했고, 이후 리셉션에도 참석했다. (서울신문 2022년 9월 21자 사설에서 발췌)

통령을 거짓말을 일삼는 양치기 소년처럼 생각할 수밖에 없습니다. 실력이 없으면 신뢰감이라도 줘야 하는데, 윤석열 대통령은 그것마저 없었습니다.

공희준　문재인 정부 시절, 보수 인사들은 '아마추어 외교'라고 공격했습니다. 외교는 보수가 강점이 있다고 자부해온 영역입니다. 외교를 하려면 전문성에 더해 인맥과 자금력이 요구되기 때문입니다. 세 가지 전부 보수가 비교우위를 점하기 유리한 요소들입니다. 그런데 보수를 자처하는 윤석열 정부가 외교에서 프로답지 못한 행동을 수시로 보여왔습니다,

안진걸　윤 대통령이 미국 방문을 준비하며 유명 걸그룹 블랙 핑크의 동반 방미를 추진했는데 그게 무산되는 바람에 김 여사가 역정을 냈다는 소문이 돌기도 했습니다.[17] 그 일로 김성한 국가안보실장에 더해서 대통령실의 의전비서관까지 경질됐다는 뒷이야기까지

17.　레이디 가가와 블랙 핑크의 공연은 조 바이든 미국 대통령 부인 질 바이든 여사가 제안한 것으로 알려졌다. 하지만 국가안보실이 이를 윤석열 대통령에게 보고하지 않았고, 결국 보고 누락 등의 이유로 대통령실 김일범 의전비서관과 이문희 외교비서관에 이어 김성한 안보실장 경질로까지 이어지면서 한미 모두에 부담스러운 상황이 되었다고 한다. (한겨레신문 배지현, 정혁준 기자 보도) 김일범 비서관의 후임으로는 이벤트 대행회사 대표를 지냈으며 김건희 여사와 고려대 언론대학원 최고위과정 동기인 김승희 의전비서관이 임명됐으나 김 비서관은 자녀의 학폭 문제가 드러나며 얼마 후 사퇴하고 말았다. (폴리뉴스 김승훈 기자 보도)

있었습니다. 만약 걸그룹 공연이 무산됐다는 이유로 대통령실이 발칵 뒤집힌 게 사실이라면, 정말 어이없는 일이 아닐 수 없습니다.

준비되지 않은 외교, 훼손당한 국격

임세은　대한민국 대통령이 외국으로 순방 외교를 나갈 때는 방문할 국가와 그곳에서 만날 인물들 관련 자료와 정보들을 대통령과 영부인, 그리고 필수 수행원들이 사전에 충분히 읽고서 숙지해야 합니다. 읽어야 할 분량이 꽤 방대합니다. 저도 청와대에 근무하던 시절에 문 대통령과 김정숙 여사의 외국 방문을 수행한 적이 있는데, 출국에 앞서서 대입 수험생처럼 머리 싸매고 자료집을 공부했던 기억이 납니다.

그 자료집은 보안 사항이기 때문에 전부 읽은 다음에는 무조건 반납해야 합니다. 개인이 사적으로 소지하고 있으면 안 됩니다. 내용을 외부로 발설해서도 안 되고요. 더 자세한 건 말씀드릴 수 없지만, 대한민국 대통령이 만날 다른 나라 정상의 은밀한 사생활까지 담겨 있을 만큼 그 내용이 매우 꼼꼼하고 자세합니다.

너무 흥미진진한 내용이 많아서 시간 가는 줄 모르고 읽었던 것도 있습니다. 수행원인 저희에게 제공되는 정보와 자료가 그 정도니, 대통령이 보는 내용은 얼마나 폭넓고 깊이가 깊겠어요.

저는 그걸 보면서 한편으로는 등골이 서늘했습니다. 우리가 다른 나라를 샅샅이 훑어보듯이, 다른 나라들 또한 대한민국에 관해 물 샐 틈 없이 철저하게 연구하고 있을 것이기 때문이었습니다. 미국 같은 경우에는 심지어 대한민국 대통령실을 도청까지 했잖아요. 한미 정상회담을 앞두고 미국 정보기관들이 바이든 대통령에게 윤석열 대통령에 관한 정보와 자료들을 제공했을 가능성이 큽니다. 그 정보와 자료들에 윤석열 대통령과 김건희 여사에 관해 뭐라고 적혀 있었을까요? 아름다운 미담이 많았을까요? 아니면 부끄러운 괴담이 많았을까요?

미국의 언론매체인 〈워싱턴포스트〉는 김 여사를 일컬어 '빨래건조대(Clotheshorse)'라는 모멸적 표현을 사용했습니다. 화려한 옷차림에만 신경 쓰는 사람이라는 조롱이었습니다.[18] 윤 대통령 부부가 그런 몹쓸 모멸을 당하는 상황에서 대한민국 외교가 알찬 성과를 거둘 수 있을까요?

---

18. 미국의 유수 매체인 워싱턴포스트가 2023년 4월 윤석열 대통령과 김건희 여사의 미국 국빈 방문 당시 김 여사의 옷차림에 대해 '빨래건조대(clotheshorse)'라고 표현하자 대한민국의 한 시민단체가 해당 매체에 항의 서한을 발송하는 웃지 못할 소동이 벌어졌다. (동아일보 이기욱 기자 보도)

공희준　김 여사가 리투아니아 수도 빌뉴스의 명품매장을 찾았다가 국내 언론에 알려진 일도 있었죠.

임세은　예, 그럴 거면 차라리 외국에 나가지 않는 게 국익에 더보탬이 될 겁니다. 불가피하게 방문해야 한다면 윤석열 대통령 혼자서 가야 합니다. 국격 추락을 염려하면서까지 굳이 배우자와 동반 출국할 필요가 있을까요?

공희준　어쨌든 대통령 부부가 해외로 출국하기 전에는 정상외교와 관계된 실무자들이 꼭 읽어야 할 자료와 정보들을 만들어 가져온다는 건데, 윤 대통령 부부가 그 자료들을 꼼꼼히 살펴볼까요?

임세은　아무리 압축된 내용이라고 해도 분량이 만만치 않습니다. 그걸 전부 제대로 읽기가 쉽지는 않겠죠. 대통령의 해외 방문에는 연간 수백억 원의 예산이 쓰입니다. 그렇다면 이를 대한민국의 문화와 역사, 언어와 전통을 전 세계에 홍보하는 기회로 최대한 활용해야 합니다. 문재인 정부 시기에 김정숙 여사가 외국에 나갈 때마다 꼭 한복을 준비했던 이유였습니다.

그런데 윤석열 정부는 대통령이 외국에 나가서 우리말이 아닌 영어로 연설을 하고 있어요. 영어를 쓰는 게 현지인을 배려하고 존중하는 행위라고 생각하는 건 옳지 않습니다. 혹여 대통령이 영어를 잘못 사용하면 대한민국의 국익에 심대한 영향을 끼칠 수 있습니다. 다른 나라에 잘못된 신호를 보내는 일일 수 있으니까요. 통역을 항상 대동하는 것도 그런 이유가 포함되어 있습니다. 오해의 소지를 원천적으로 제거해야 불필요한 외교적 마찰과 갈등을 피할 수 있기 때문입니다.

대한민국은 고유의 언어와 독자적 문자를 가지고 있습니다. 따라서 한국 대통령은 외국 정상을 만날 때 "Nice to meet you"가 아니라 "안녕하세요. 반갑습니다."라고 이야기해야 맞습니다. 왜 굳이 영어를 써야 합니까? 다른 사람도 아닌 대한민국 대통령이요.

공희준　　외교는 민주적 통제로부터 상대적으로 자유로운 영역입니다. 국민들이 대통령의 고유한 통치행위를 용인해주는 분야이기도 합니다.

안진걸　　전문성과 기밀성과 요구됨과 동시에 국제관계의 특수성이 고려돼야 하기 때문입니다. 이는 일반 대중도 어느 정도 인정하고 있습니다.

공희준　　한참 전 일이기는 하지만, 민주당의 부끄러운 흑역사이자 여전히 완전히 아물지 않은 아픈 상처가 대북송금 특검입니다. 전문성과 기밀성, 특수성에 기반한 고도의 통치행위로 분류될 수 있는 남북한 관계에 특검 수사라는 이름으로 실정법의 잣대를 들이댔거든요. 저는 대한민국의 민주주의가 발전했을 때 남북한 관계에도 전반적으로 훈풍이 불었다고 생각합니다. 그러다 보니 보수 정부 아래에서 남북관계가 좋았던 때는 지금으로부터 30년도 넘은 노태우 정부 시절이 마지막이었습니다.

이명박 정부 출범 초기, 많은 이들이 노태우 정부 시절을 떠올리며 보수인 이명박 대통령이 색깔론의 압박으로부터 자유롭기 때문에 남북관계 발전에 전향적 자세로 나서리라고 기대했습니다. 하지만 결과는 정반대였습니다. 그 후로 보수가 정권을 잡을 때마다 대북관계가 악화하면서 한반도의 긴장이 고조되는 악순환이 되풀이되어 왔습니다.

원래는 그렇지 않았습니다. 자주, 평화, 민족대단결을 3대 기조로 하는 7·4 남북공동성명은 박정희 정부 때 발표됐습니다.[19] 남한과 북한의 관계를 "국가 간의 관계가 아닌 통일을 지향하는 과정에서 잠정적으로 형성되는 특수관계"로 개념 정의한 남북기본합의서는 노태우 정부 당시에 채택·합의됐습니다. 심지어 북한이 자행한 아웅산 묘소 폭탄 테러로 목숨을 잃을 뻔했던 전두환마저도 김일성과

---

19.   7·4 남북공동성명은 1972년 7월 4일 남북 간 정치적 대화 통로와 한반도 평화정착 계기를 마련하기 위해 발표한 남북한 당사자 간의 최초의 합의 문서이다. 1971년 박정희 정부가 이산가족 상봉을 위한 적십자회담을 제안하면서 개시되었다. 공동성명의 조국통일 원칙은 자주적 통일, 평화적 방법에 의한 통일, 사상과 이념을 초월한 민족 대단결 도모였다. (출처 : 한국민족문화대백과사전)

의 만남을 성사시키려 노력했습니다.[20]

안진걸   맞습니다. 남북한 정상회담을 실현하려고 장세동 안기부
장이 비밀리에 방북했었죠.

---

20.   "1985년 9월 4일 조선노동당 중앙당 비서, 조국평화통일위원회 위원장이라는
고위직에 있는 허담이 특사로 한시해 등과 함께 내려왔다. 허담 일행은 9월 5일 최원석
동아건설 회장 별장에서 전두환을 만나 김일성의 친서를 전달했다. (중략) 10월 16일에는
장세동 안기부장과 박철언 등이 군사 분계선을 넘어 평양에 갔다. 장세동은 김일성에게
전두환의 친서를 전달했다. 전두환은 그 친서에서 남측의 정상회담 제의를 수락한
김일성에게 경의를 표하면서 정상회담 의제와 관련해 공동성명 채택, 불가침 선언 등에
대해 언급했다." (프레시안 [서중석의 현대사 이야기] 〈222〉회에서 인용)

정권이 존재의 이유를 잃는 순간

공희준   보수가 군사 보수에서 민간 보수로 넘어가면서 남북관계에 대한 실력과 철학은 되레 더 빈곤해졌습니다. 그 까닭과 배경이 뭐라고 생각하시나요?

안진걸   보수의 고갱이는 애국심과 민족주의입니다. 그리고 국민에게 안정감을 주는 데 있습니다. 그와 달리 진보는 적극적 변화와 과감한 혁신을 추구합니다.

남한 체제와 북한 체제의 이질성이 극대화된 지금, 보수가 북한과의 대화와 교류를 꺼리는 것은 일견 이해할 만한 구석도 있습니다. 그런데 윤석열 정부는 대북관계에 소극적인 수준과는 차원을 달리하고 있습니다.

대한민국은 정치적으로는 남북이 군사적으로 대치하는 분단국가입니다. 경제적으로는 대외의존도가 높은 통상국가입니다. 따라서 남북관계의 평화롭고 안정된 관리를 국정 운영의 우선순위에 두어야 합니다. 이는 과거 군사 정부에서도 이해하고 노력했던 일입니다. 꾸준한 경제발전은 남북관계의 지속적 안정을 전제조건으로 하기 때문입니다.

윤석열 정부는 그런 측면에서 이단적이고 이질적입니다. 남북관계의 안정적 관리를 손에서 놓아버린 모양새입니다. 코리아 디스카운트가 증대돼 해외 투자자들이 국내 주식시장에서 빠져나가고, 그로 인해 국내 경제에 악영향을 끼치는데도 불구하고 북한을 힘으로 제압하겠다는 태도입니다. 그로 인해 하늘에서 악취가 진동하는 오물풍선이 언제 떨어질지 몰라 국민들이 공포와 불안감에 전전긍긍하고 있습니다.[21]

공희준　　북한에서 오물풍선이 날아온 원인은 일부 탈북자들이 대북 전단을 북한으로 날린 데 있습니다. 그러나 대다수 언론은 이를 외면하고 있습니다.

21.　북한이 일부 탈북자 단체의 대북전단에 맞대응하겠다며 남쪽으로 날려 보낸 오물풍선의 일부가 2024년 7월 24일 용산 대통령실 인근에 낙하해 대통령 경호차의 화생방 대응팀이 긴급 수거에 나서기도 했다. (머니투데이 장나래 기자 보도) 2024년 9월 말 기준 20차례 이상 오물풍선이 살포되었다.

안진걸　경제를 발전시키지 못하고, 사회 안정도 외면하는 보수 정권은 존재의 의미가 없습니다. 저는 윤석열 정부가 경제성장을 이룰 능력이나 국민통합을 일궈낼 의지가 있는지 잘 모르겠습니다. 무엇을 하려는지, 무엇을 할 수 있는지, 무엇을 하고 있는지도 명확지 않다고 생각합니다.

공희준　저는 최재영 목사가 처음부터 김건희 여사를 함정에 빠뜨리려고 악의적으로 접근했다고는 생각하지 않습니다. 오히려 김 여사가 극우로 치닫는 윤석열 정부의 대북정책을 다소나마 진보적 방향으로 견인해줄 거라는 믿음과 희망으로 교류하고 소통했다고 봅니다.[22]

안진걸　김 여사가 이른바 선한 영향력을 행사해 대결로만 치달아온 남북관계를 대화 기조로 전환해줄 수 있으리라 기대했을지도 모릅니다. 그런데 실제로 만나보니 전화 통화를 하며 누구를 금융위원으로 앉혀야 한다는 등 정부 인사에 개입하는 모습을 보였다고 합니다. 그래서 잠입 취재를 결정한 것으로 저는 알고 있습니다.

22.　권성희 변호사가 윤 대통령 부부가 버린 책들로 추정된다며 아크로비스타 분리수거장에서 회수해온 책들 가운데에는 최재영 목사가 김건희 여사에게 선물한 책도 포함돼 있다. 최 목사가 김 여사에 선물한 책에는 북한에 관한 진보적 관점의 내용이 담긴 두 권의 사회과학서적도 들어 있다. (연합뉴스 임화영 기자 보도)

이전의 일들을 시간순으로 복기해보면 최 목사의 말이 맞았으면 맞았지 틀리지는 않을 겁니다.

공희준   보수 쪽에서는 북한이 완전히 고립됐다는 이야기를 합니다. 그러나 한반도 주변 4대 강국과의 관계만 놓고 보면 북한이 오히려 더 활발하게 움직이고 있다고 볼 수 있습니다. 중국과는 종래의 밀접한 관계를 유지하고 있고, 러시아와는 자동 군사개입까지 망라하는 동맹을 복원했습니다. 일본과는 물밑에서 수교 협상을 진행하는 중입니다. 2024년말 치러지는 미국 대통령 선거에서 트럼프가 당선될 경우, 북한의 외교적 입지는 현격히 강화될 것으로 전망됩니다.[23]

안진걸   대선에서 승리해 트럼프가 백악관으로 돌아온다면 김정은과의 정상회담을 다시 모색할 가능성이 큽니다. 트럼프는 자신을 외교의 달인이자 협상의 귀재로 생각하거든요.

공희준   정세가 그렇게 조성되면 대한민국이 국제사회에서 외톨

---

23. 2023년 11월 탈북한 리일규 전 쿠바 주재 북한대사관 참사는 도널드 트럼프 전 미국 대통령의 재집권은 북한 입장에선 "천재일우와 같은 기회"일 것이라고 말했다. 그는 2016년 이후 탈북자 가운데 최고위급 인사로 김정은 북한 국무위원장과도 7차례 직접 대면한 적이 있다고 한다. (진 맥켄지 BBC 서울 특파원 보도)

이로 전락할 위험성을 배제하기 어렵습니다. 북한은 고립에 익숙하지만, 한국은 고립을 견딜 수 있는 맷집이나 내구력이 부족합니다. 한국이 국제사회에서 따돌림당하지 않으려면 어떠한 대안과 해법이 필요할까요?

안진걸 남북관계의 안정적 관리를 도모하려면 튼튼한 안보와 더불어 북한과의 대화가 병행돼야 합니다. 채찍만 휘두르는 강경책이 능사는 아닙니다. 하지만 윤석열 정부는 북한과 대화의 문을 열려고 하지 않습니다.

그러다 보니 오물풍선이 북한에서 날아오는 군사정권 시절에도 없었던 일이 일어나고 말았습니다. 그런데도 정부는 북으로 전단을 날려 보내는 행위를 수수방관하고 있습니다. 한반도 긴장 고조가 우리의 국익과 민생경제에 미치는 악영향을 대수롭지 않게 생각하는 모습입니다. 보수진영 일각에서는 일전을 불사하더라도 북한을 제압해야 한다고 생각합니다. 그러나 한반도에서 다시 전쟁이 일어나면, 피해의 규모와 끔찍함은 상상할 수조차 없습니다. 남북한의 공멸은 필연입니다.

지난 7월 8일, 대통령 부인이 여당 비대위원장에게 보낸 문자 메시지가 느닷없이 공개됐습니다.[24] 공개 시점이 참으로 기묘합니다. 집권당 당권의 향방이 걸린 당 대표 경선이 한창 진행되는 도중이었습니다. 이 문자가 발신자인 김 여사 본인의 허락 없이 공개될 수 있었겠습니까?

24. 김건희 여사가 2024년 1월 한동훈 당시 국민의힘 비상대책위원장에게 보냈다며
TV조선이 2024년 7월 8일 공개한 5건의 문자 메시지 원문 내용은 다음과 같다.

- 2024년 1월15일
요새 너무도 고생 많으십니다. 대통령과 제 특검 문제로 불편하셨던 것 같은데 제가 대신
사과드릴게요. 너무나 오랜 시간 동안 정치적으로 활용되고 있어 기분이 언짢으셔서 그런
것이니 너그럽게 이해부탁드립니다 ㅠㅠㅠ 다 제가 부족하고 끝없이 모자라 그런 것이니
한 번만 양해해 주세요. 괜히 작은 것으로 오해가 되어 큰 일 하시는 데 있어 조금이라도
불편할 만한 사안으로 이어질까 너무 조바심이 납니다. 제가 백배 사과드리겠습니다. 한번만
브이랑 통화하시거나 만나시는 건 어떠실지요. 내심 전화를 기다리시는것 같은데 꼭좀
양해부탁드려요.

- 2024년 1월 15일
제가 죄송합니다. 모든 게 제 탓입니다. 제가 이런 자리에 어울리지도 자격도 안 되는
사람이라 이런 사달이 나는 것 같습니다. 죄송합니다.

- 2024년 1월 19일
제 불찰로 자꾸만 일이 커져 진심으로 죄송합니다. 제가 사과를 해서 해결이 된다면 천 번
만 번 사과를 하고 싶습니다. 단 그 뒤를 이어 진정성 논란에 책임론까지 불붙듯 이슈가
커질 가능성 때문에 쉽게 결정을 못하는 것 뿐입니다. 그럼에도 비대위 차원에서 사과를
하는 것이 맞다고 결정 내려주시면 그 뜻에 따르겠습니다. 이 모든 것에 대해 책임이
저에게 있다고 충분히 죄스럽게 여기고 있습니다. 대선 정국에서 허위기재 논란으로 사과
기자회견을 했을 때 오히려 지지율이 10프로 빠졌고 지금껏 제가 서울대 석사가 아닌
단순 최고위 과정을 나온거로 많은 사람들이 인식하고 있습니다. 사과가 반드시 사과로
이어질수 없는 것들이 정치권에선 있는 것 같습니다. 그럼에도 모든 걸 위원장님 의견을
따르겠습니다. 진심으로 죄송합니다.

- 2024년 1월 23일
요 며칠 제가 댓글팀을 활용하여 위원장님과 주변에 대한 비방을 시킨다는 이야기를
들었습니다. 너무도 놀랍고 참담했습니다. 함께 지금껏 생사를 가르는 여정을 겪어온
동지였는데 아주 조금 결이 안 맞는다 하여 상대를 공격할 수 있다는 의심을 드린 것조차
부끄럽습니다. 제가 모든걸 걸고 말씀드릴 수 있는건 결코 그런 일은 없었고 앞으로도
결코 있을 수 없습니다. 김경률 회계사님의 극단적인 워딩에 너무도 가슴이 아팠지만

공희준 휴대전화가 해킹당했다면 모를까, 김 여사의 동의 없이는 문자 공개가 불가능하겠죠.

안진걸 그걸 조선일보에 넘기고 본인은 외국으로 나가버렸습니다. 윤석열 대통령이 이번까지 포함해 북대서양조약기구(NATO) 정상회담에 세 번 참가했습니다. 그래서 얻은 소득이 뭡니까? 북한과는 물론이고 중국, 러시아와의 관계만 더 악화하지 않았습니까? 그런데도 예비비까지 동원해 국가 예산을 소비했습니다. 국민들의 분노를 더 키우는 일은 윤 대통령이 나토 회담에 갈 때마다 김 여사와 항상 동행한다는 사실입니다.

게다가 몸은 정상회담에 가 있는 사람이 관심은 온통 국내 정치, 그것도 당내 정치에 쏠린 모습이었습니다. TV조선을 통해 문자 메시지 내용을 공개한 목적이 뭐겠습니까? 김 여사가 문자를 보냈지

위원장님의 다양한 의견이란 말씀에 이해하기로 했습니다. 전에 말씀드렸듯이 제가 너무도 잘못을 한 사건입니다. 저로 인해 여태껏 고통의 길을 걸어오신 분들의 노고를 해치지 않기만 바랄뿐입니다. 위원장님께서 그럼에도 불구하고 '사과'가 필요하다고 판단하시면 제가 단호히 결심하겠습니다. 진심으로 잘못을 뉘우치고 있습니다. 다시 한번 여러가지로 사과드립니다.

– 2024년 1월 25일
대통령께서 지난 일에 큰 소리로 역정을 내셔서 맘 상하셨을거라 생각합니다. 큰 맘먹고 비대위까지 맡아주셨는데 서운한 말씀 들으시니 얼마나 화가 나셨을지 충분히 공감이 갑니다. 다 저의 잘못으로 기인한 것이라 뭐라 드릴 말씀이 없습니다. 조만간 두 분이서 식사라도 하시면서 오해를 푸셨으면 합니다. 정말 죄송합니다.

만, 한 전 위원장이 그걸 읽고도 못 본 체했다는 사실을 부각하려는 거 아니겠습니까?

김 여사가 대국민 사과에 나서려 했지만, 한동훈 전 위원장이 막아선 탓에 총선에서 여당이 참패했다고 주장하려는 의도임이 평범한 국민 눈에도 훤히 보입니다. 이준석을 몰아냈듯이 한동훈을 주저앉히겠다는 속내를 공공연히 보여준 겁니다. 대통령이든 대통령 배우자든 정당의 경선에 개입하는 일체의 행위는 기본적으로 불법입니다.[25]

---

25. 2016년 제20대 총선 과정에서 친박계 인물들이 경선에서 유리하도록 공천 과정에 개입한 혐의로 1, 2심에서 징역 2년형을 선고받은 박근혜 전 대통령의 판결이 2018년 11월 29일 0시 기준으로 확정됐다. 박 전 대통령이 기소된 사건 중 첫 확정판결이다. 박 전 대통령은 20대 총선 전인 2015년 11월부터 다음 해 3월까지 친박계 인물들이 당시 새누리당(자유한국당 전신) 경선에서 유리하도록 공천관리위원장 후보 관련 지시를 하는 등 공천 과정에 개입한 혐의를 받았다. 앞서 1심은 "견해를 달리한다는 이유로 특정 세력을 배척하고 자신을 지지하는 인물을 당선시키기 위해 대통령 지위를 이용했다"며 혐의 전부를 유죄로 판단하고 징역 2년을 선고했다. (법률신문 손현수 기자 보도)

대통령 부인을 둘러싼 의혹의 그림자

공희준   박근혜 전 대통령이 당무에 개입했다는 이유로 기소해 유죄를 구형한 당사자가 다름 아닌 박영수 특검 시절의 윤석열 검사입니다.

안진걸   김 여사 측은 한동훈 전 위원장의 '읽씹'이 문제였다고 주장하지만, 진짜 문제는 대통령 배우자가 본연의 처지를 망각하고 여당 대표에게 어떠한 정치적 행위를 하라고 이러쿵저러쿵 간섭하고 관여한 데 있습니다. 그냥 본인이 사과하면 될 일인데, 상대방에게 공을 떠넘기는 방식으로 대통령 배우자가 선수로 나선 데 문제가 있습니다.

사과할 마음이 진짜로 있었는지도 의심스럽습니다. 문자 메시지를 보면, 김 여사의 허위 경력 문제를 공개적으로 사과했다가 대선

후보 당시 윤 대통령의 지지율의 10%나 떨어졌다며 사과해서는 안
되는 이유를 구구절절 늘어놓았습니다. 사과하겠다는 건지, 사과하
기 어렵다는 건지 그 맥락과 진의를 종잡을 수 없습니다.

결국, 사과해야 하는 이유보다 사과하면 안 되는 이유를 더 길게
써놓은 문자 메시지였습니다. 그 문자 메시지를 통해 국민은 김 여
사가 국정은 물론 여당 당무에도 개입하고 있음을 구체적으로 확인
하게 됐습니다.

우리가 주목할 부분은 이 문자 메시지가 모두 합쳐 다섯 건이 아
니라 공개된 것만 다섯 건이라는 점입니다. 이준석 개혁신당 의원
의 지적대로 김 여사가 한동훈 전 위원장을 비롯한 다수의 여권 인
사들과 얼마나 자주 의견을 교환했는지 충분히 미루어 짐작할 수
있습니다.

그래서 저는 국민의 알 권리를 보장하기 위해서라도 김건희 여사
와 한동훈 전 비대위원장 사이에 오고 간 모든 문자 메시지를 숨김
없이 공개할 것을 촉구합니다. 윤 대통령이 검찰총장이던 시절에도
수백 건을 주고받았다고 하니, 대통령 취임 이후에는 또 얼마나 많
이 메시지를 주고받았겠습니까? 고발 사주와 관련해서도 메시지가
오고 갔으리라 의심할 수밖에 없습니다.

한동훈 죽이기는 김 여사가 여당인 국민의힘의 주요한 의사결
정 과정에 자유자재로 개입해왔음을 자기 손으로 까발린 일이 됐습
니다. 그리고 의미심장한 문구가 보입니다. 자신이 댓글팀을 활용

해 한 전 위원장을 비방한다는 이야기를 전해 들었다는 부분입니다. 이준석, 천하람 의원 등은 댓글팀이 실제로 존재할 가능성이 있다고 진단했습니다. 만에 하나 그게 사실이라면, 이는 작게는 업무방해고 크게는 또 하나의 국정농단입니다. 대통령 부인이 댓글팀을 운영할 명분과 근거는 그 어디에도 없기 때문입니다.[26]

공희준　　윤 대통령이 후보자였던 시절부터 김 여사의 친정 식구들이 극우 유튜버들을 관리한다는 이야기가 공공연하게 떠돌았습니다.[27]

안진걸　　이와 관련해 천하람 개혁신당 원내대표가 7월 10일 MBC 라디오 〈김종배의 시선집중〉에 출연해 김건희 여사와 한동훈 전 위원장 두 사람 모두 댓글팀을 운영했을 가능성을 제기했습니다. 천 원내대표는 김 여사 측이 유튜브 관리를 열심히 했다는 이야기는 대선 무렵부터 있었다고 덧붙였습니다.

최근 이종호 전 블랙펄인베스트[28] 대표의 이야기가 담긴 녹취록

---

26. 김경수 전 경남지사는 '드루킹 댓글 조작' 사건에 연루돼 징역 2년 실형을 선고받고 복역하다가 2022년 12월 특별사면이 되었다. (동아일보 황형준 기자 보도)

27. '로템지기'라는 아이디의 누리꾼은 윤석열 대통령을 지지하는 극우 유튜브 채널들을 돌아다니며 슈퍼챗을 쏘고 채널 운영자들에게 옷이나 신발 등을 선물해 극우 유튜버들로부터 큰손으로 불려왔다. 이 로템지기가 김건희 여사의 고모인 김혜섭 목사였다는 것이다. (일요시사 1389호 오혁진 기자 기사)

이 공개됐습니다. 이종호 전 대표는 도이치 모터스 주가 조작 사건의 주범으로 알려진 사람으로, 1심에서 이미 유죄판결을 받은 인물입니다.[29]

공희준　　주가 조작 과정에서 김건희 여사 명의로 개설된 계좌를 운용했다는 그 사람 말씀이시죠?

안진걸　　그렇습니다. 공개된 녹취록에 의하면 다른 사람도 아닌 그 이종호 씨가 임성근 사단장 구명을 VIP에게 이야기하겠다고 말했다고 합니다. 그뿐만이 아닙니다. 이 전 대표는 현재 3성 장군이 최고위 계급인 해병대에 4성 장군, 즉 대장직을 신설하겠다는 이야기를 합니다. 녹취록에 담긴 대화는 2023년 8월에 오갔습니다. 그런데 정부가 2024년 봄에 실제로 해병대에 4성 장군을 만들겠다는

28.　채용전문사이트 인크루트 검색 결과에 의하면 1988년 2월 11일에 설립된 ㈜블랙펄인베스트의 2024년 8월 현재 대표자는 이종호이고, 주요 사업내용은 부동산분양 및 투자컨설팅이다. 회사소개에서는 "당사는 투자자문 회사로 법인대상으로 투자자산 관련 컨설팅을 하는 회사입니다"라고 소개되어 있다.

29.　징역 2년에 집행유예 3년을 선고받은 바 있다. 1심 법원은 블랙펄인베스트가 도이치모터스 주가조작의 컨트롤타워라고 판단했으며 이 사건 1심 판결문에 김건희 여사 명의의 증권계좌 2개에 대해 "민○○(당시 블랙펄인베스트 이사) 또는 피고인 이종호가 직접 운영하여 시세조종에 이용한 계좌로 인정된다"고 밝히기도 했다. 검찰 수사 과정에서 블랙펄인베스트 직원의 컴퓨터에서는 '김건희.xls'라는 제목의 엑셀파일도 발견됐다 (한겨레신문 사회부 정혜민 기자 기사)

방침을 밝혔습니다.[30]

공희준   단순한 우연이라기에는 시기가 절묘합니다.

안진걸   주가 조작 사건에 연루된 범죄자가 국정 운영에 깊이 개
입되어 있다는 의혹을 주기에 충분한 정황입니다. 그러나 윤석열
정부는 해병대 채 상병 순직 사건의 진상을 규명하기 위한 특검법
안에 거부권을 행사했습니다. 윤 대통령 취임 이후 15번째 거부권
이었습니다.[31]

　이종호 녹취록이 나오기에 앞서서 김진표 전 국회의장의 회고록
《대한민국은 무엇을 축적해왔는가》가 출간됐습니다. 김 전 의장은
이 책에서 놀랍고 충격적인 사실을 소개했습니다. 윤석열 대통령이
핼러윈 참사와 관련해 특정 세력이 이태원에 일부러 사람이 많이

30.　윤석열 대통령은 대선 후보 시절에 "중장기적으로 해병대를 독립시켜 육군과 해군,
공군, 해병대 '4군 체제'로의 전환을 적극 추진하고 해병대 사령관도 4성 장군으로 진출시켜
국가를 위해 헌신할 기회를 부여해 해병대의 위상을 제고하겠습니다"라고 해병대 발전
방안을 공약하였다. (서울경제 '이현호 기자의 밀리터리!톡'에서 인용)

31.　윤석열 대통령은 2024년 8월 12일 세칭 '방송 4법(방송통신위원회법 · 방송법 · 방
송문화진흥회법 · 한국교육방송공사법 개정안)'의 재의요구안을 재가했다. 이로써 윤
대통령은 2023년 4월 4일의 양곡관리법 개정안에 대한 거부권을 시작으로 이날까지 취임
이래 통틀어 19건의 법안에 대한 거부권을 행사했다. 박찬대 더불어민주당 원내대표는
'노란봉투법'과 '민생회복지원법'에까지 거부권을 행사하면 총 21번의 거부권을 행사하게
된다고 지적하며 윤 대통령이 뉴라이트가 신봉하는 이승만 전 대통령의 거부권 행사 기록인
45회를 깨겠다는 결심을 한 것으로 보인다고 비판했다. (연합뉴스 임형섭 · 계승현 기자
보도) 이 전 대통령의 집권 기간은 1948년 7월 24일부터 1960년 4월 26일까지였다.

모이도록 유도했다고 말했다는 내용이었습니다.[32]

공희준   총선 이후 용산 대통령실 분위기는 이전과 크게 다르지 않은 것 같습니다. 저는 용산 대통령실이 내보이는 저 위풍당당한 자신감의 원천이 어디에 있는지 참으로 궁금합니다. 정권 퇴진을 외치는 목소리가 높지만, 물러가라고 요구한다고 해서 정권이 퇴진한다고 저는 생각하지 않습니다. 오히려 집권세력 안에서, 즉 보수진영 내부에서 윤 대통령이 5년 임기를 다 마치지 못할 것 같다는 느낌이 만연할 때 정권이 무너진다고 봅니다.

2024년 초여름은 용산 대통령실의 초긍정적 세계관과 관계없이, 여당 내에서 낙담과 비관이 지배적 정서로 자리 잡는 분기점이 된 기간이었다고 생각합니다.

임세은   김 여사가 한 전 위원장에게 보낸 문자 메시지 중 제게 가장 인상적인 부분은 디올백 수수에 대한 대국민 사과를 둘러싼 내용이 아니었습니다. 그보다는 "함께 지금껏 생사를 가르는 여정을 겪어온 동지"로 두 사람의 관계를 표현한 부분이 더 인상적이었습니다. 김 여사가 윤 대통령과 결혼식을 올린 시점까지만 거슬러

---

32.   김진표 전 의장은 윤석열 대통령 스스로 이태원 참사 조작 가능성이 있다고 여기는 뉘앙스를 줬던 초판본과 달리, 2쇄에서는 윤 대통령이 일각에서 이런 의혹이 있다는 보고를 받거나 전언을 들은 것으로 내용을 수정해 기술했다. (세계일보 김동환 기자 기사)

올라가도, 두 사람의 인연은 10년 세월이 넘습니다. 문자 메시지는 두 사람이 오래 알고 지낸 사이였다는 뉘앙스를 뚜렷이 풍기고 있습니다. 저는 김 여사가 문자 메시지를 공개한 이유가 한 전 위원장이 몸집을 더 키우기 전에 싹을 잘라야겠다는 정략적 몸부림의 일환이었다고 해석합니다.

공희준 제가 최근에 3당 합당 초기의 민주자유당 풍경을 서술한 내용이 담긴 책을 몇 권 훑어봤는데, 노태우 전 대통령과 김영삼 전 대통령의 대립은 그 강도와 살벌함에서 윤석열 대통령과 한동훈 전 위원장의 갈등과는 비교가 안 됩니다. 전자가 전쟁이면 후자는 동네 주차 시비 수준입니다.

당시 민정계와 민주계는 진짜 목숨 걸고 싸웠습니다. 그런데 목숨은 걸고 싸우되 지금처럼 지저분하게 싸우지는 않았습니다. 나름의 비장미와 거룩함이 있었습니다. 더욱이 노태우 전 대통령의 대리인 격이었던 박철언 전 의원이 YS와 싸운 적은 있어도, 남편들을 대신해 김옥숙 여사와 손명순 여사가 갈등의 한복판에 섰다는 이야기는 들어본 적이 없습니다. 그러니 김건희 여사가 윤한 갈등의 태풍의 눈으로 등장한 일이 얼마나 기이해 보였겠습니까?

안진걸 활동적인 신여성의 표본이었다는 이희호 여사마저도 정쟁에는 휩쓸리지 않으려고 노력했습니다. 이희호 여사는 인권운동에 앞장서고 소외된 이웃들을 돌보는 데 집중했습니다.

공희준　대한민국 현대 정치사에서 단연 욕을 많이 먹는 영부인이 전두환 씨 부인인 이순자 씨인데, 그 이순자 씨조차 남편에게 민주화 세력을 탄압하라고 부추겼다는 후일담은 없습니다.

안진걸　이순자 씨는 국정에 개입하기보다 호가호위하며 권력의 떡고물을 챙기는 쪽이었다고 봐야 할 것 같습니다.[33]

공희준　그런 견지에서 김건희 여사가 일종의 뉴노멀을 창조했습니다. 대통령 배우자의 문제를 부정부패 단계에서 국정개입 차원으로 단번에 도약시켰기 때문입니다.

안진걸　김건희 여사는 한 전 위원장에게 보낸 메시지에서 윤석열 대통령이 엄청 화가 났다고 거듭 강조했습니다. 그때 윤 대통령이 어떤 일로 격노했겠습니까? 김 여사 본인에 관계된 문제 때문이었습니다.

33.　단군 이래 최대 사기 사건으로 불렸던 '장영자-이철희 금융사기 사건'의 주범이었던 장영자 씨는 이순자 씨가 2017년 펴낸 자서전에서 "작은아버지의 처제 장영자가 내 이름을 내세워 남편 이철희(2014년 사망) 씨와 사기 행각을 벌였다"는 취지로 서술해 자신의 명예를 훼손했다며 이 씨를 허위사실 유포 혐의로 고소하기도 했다. (연합뉴스 김주환 기자 기사)

한동훈 전 위원장이 국민 눈높이를 거론하며 대국민 사과는 물론이고 조건부 특검을 이야기하자, 윤석열 대통령이 뿔이 단단히 났었습니다. 그즈음 국민의힘 비상대책위원으로 활동하던 김경율 회계사가 김 여사를 프랑스 루이 16세의 왕비인 마리 앙투아네트에 비유하며 비판한 건 불에 기름을 붓는 격이었습니다. 윤석열 대통령은 한동훈 전 위원장이 역심을 품었다는 생각으로 확실히 밟아줘야겠다고 생각했을 겁니다.(친윤 후보로 전당대회 당대표 경선에 출마한 원희룡 전 국토교통부 장관은 경선전 내내 한동훈을 '배신자 프레임'에 가두는 데 집중했다.)

공희준　　저는 각도를 약간 달리해 보고 있습니다. 문제의 문자 메시지는 윤 대통령이 화났다는 식으로 김 여사 본인이 얼마나 화가 났는지를 에둘러 표현한 것입니다. 3인칭 화법의 형태를 띤 1인칭 화법이지요.

안진걸　　맞습니다. 윤 대통령이 화가 단단히 났다는 구실을 내세우며 사과하지 못하겠다고 최후통첩하는 메시지였다고 생각합니다. 김 여사는 사과하지 못하는 알리바이로 대선을 앞두고 경력 부풀리기를 사과했던 일이 지지율을 떨어뜨리는 역효과만 불렀음을 새삼스럽게 환기시켰습니다.

'서울의소리'가 방송했던 7시간 녹취록에서 김건희 여사가 말했던 내용이 착착 맞아들어가고 있습니다. 당시 녹취록에서 김 여사는 "내가 정권을 잡으면"이라고 서슴없이 말했습니다. 윤 대통령 취임 이후 성사된 최재영 목사와의 만남에서도 "제가 이 자리에 있어 보니까"라고 주저 없이 발언했습니다. 김건희 여사가 윤석열 정권을 어떤 시각으로 바라보고 있는지 생생하게 노출했습니다. 자기가 정권의 주인이라는 인식이었습니다.

공희준 외교 분야로 주제를 다시 돌려보겠습니다. 김성한 실장이 돌연 경질되면서 윤석열 정부의 대외관계 컨트롤타워 역할을 김태효 국가안보실 1차장이 실질적으로 떠맡게 됐습니다. 사실 김성한 전 실장은 정통 외무관료 출신입니다. 기본기는 체득한 인물입니다. 그런 사람을 물러나게 하고 같은 서초동 아크로비스타 입주민이자 친일 성향이 다분한 이론가에게 외교·안보 분야의 전권을 맡긴 셈입니다.[34]

그 덕에 일본이 남북한을 상대로 열도판 등거리 외교를 펼치며 실리를 꼬박꼬박 챙기고 있습니다. 한국 정부로부터 일본의 국익 증진에 유리하게 이바지할 정책을 계속 끌어내면서도, 북한과 국교 정상화 교섭을 활발하게 벌이고 있기 때문입니다. 윤석열 정부 아래에서 일본이 남북한과 동시 수교를 이뤄내면 한국은 웃을 수도

---

34. 김태효 차장 외에도 대통령직 인수위원회의 김일범 외신공보 보좌역도 아크로비스타 입주민이었다. (서울신문 유대근·황인주 기자 기사)

울 수도 노릇입니다. 그만큼 한국이 일본의 만만한 호구가 돼버린 양상입니다.

안진걸 호구가 잡혀도 단단히 잡힌 모습입니다.

공희준 저는 김건희 여사가 부정부패의 몸통으로 밝혀지는 수준에서 그친다면 윤석열 정부가 그럭저럭 버틸 것으로 예측하고 있습니다.

임세은 그 정도에서 머문다면 그럴 수도 있을 겁니다. 그런데 사태의 무게중심이 부정부패에서 국정개입 쪽으로 신속하게 흘러가고 있습니다.

안진걸 김 여사가 한 전 위원장에게 보낸 문자 메시지와 이종호 녹취록이 전방위적 국정개입 사실을 증명하는 스모킹 건(Smoking Gun) 구실을 하고 있습니다.

설상가상으로 채 상병 특검 거부권 행사에 김 여사의 입김이 작용했다는 의구심마저 확산되고 있습니다. 심지어 진중권 씨와 국민의힘 안팎 상황을 소재로 57분간이나 전화통화를 했다고 합니다. 극우 유튜버들에게 김 여사가 직접 전화를 건다는 이야기마저 들려오고 있고요.

임세은   서로 57분이나 통화하는 사이였다면 평상시에도 자주 전
화하는 사이였던 걸로 봐야 합니다.[35]

안진걸   진중권 교수가 김 여사에 대해서는 이례적으로 우호적이
었습니다. 비판하는 경우가 거의 없었던 걸로 기억합니다.

---

35.   진중권 교수에 이어 윤석열 대통령의 멘토로 알려진 신평 변호사, 그리고 김종인 전
국민의힘 비상대책위원장 또한 김건희 여사와 민감한 정치 현안을 주제로 전화통화를 했던
사실을 차례로 공개했다. (시사저널 구민주 기자 기사)

이전에는 상상할 수 없던 일들

공희준　　야당은 다수 의석을 확보하고도 윤석열 정권이 무소불위의 독재 권력을 행사한다며 연신 비명을 질러대고 있습니다. 제가 보기에는 윤석열 정부가 야당을 상대할 때 특히 슈퍼맨에 버금갈 초인적 괴력을 발휘하는 것 같습니다. 국민의힘 의원들은 각자도생하다가도 민주당만 만나면 곧바로 왕년의 전대협 부럽지 않은 강철대오를 형성하곤 합니다.

안진걸　　윤석열 정권이 다른 건 몰라도 딱 하나만은 큰 힘을 과시합니다. 윤석열 대통령과 한동훈 국민의힘 대표가 뭐하던 사람들입니까? 내로라하는 검사들이었습니다. 그 덕택에 대한민국 전체 관료조직들 가운데 유독 검찰과 경찰에 대해 확고한 장악력과 통제력을 유지해왔습니다. 더불어 유병호 사무총장이라는 보수색 강한 사람을 발탁해 감사원도 확실하게 복속시켰습니다.[36] 권력에 순응하는 검찰과 경찰, 감사원을 선봉에 내세워 야당 죽이기에 가시적 결실을 거둬왔습니다.

국정의 요체는 민생과 경제를 잘 꾸리는 데 있습니다. 국민의 안전을 보장하고, 나라의 평화와 안보를 지키는 데 있습니다. 윤석열 정부는 그 본질적 과업에서 처절하게 실패했습니다. 잼버리 대회는 파행적으로 운영되었고, 대통령까지 직접 나선 2030년 세계박람회 유치 경쟁에서는 얼굴이 화끈거릴 만큼 수치스러운 성적표만 남겼습니다.[37] 참사의 연속이고, 실패의 향연이었습니다. 그 와중에 소수의 기회주의적 정치검사들만 왕성하게 활동하며 현 정권의 반대자들과 비판자들을 부지런히 겁박했습니다.

경제는 죽을 쑤고 안보는 불안한데, 정권의 정적을 제거하는 일에서만 재미를 보고 있습니다. 그러니 국민이 윤석열 정부에 좋은

---

36. 유병호 사무총장은 전현희 전 국민권익위원장에 대한 '표적 감사' 의혹으로 고위공직자범죄수사처의 수사를 받은 데 더해, 자신이 지휘하는 감사원 사무처가 주심인 조은석 감사위원을 '패싱'했다는 의혹에 휩싸이기도 했다. (한국일보 사설에서 발췌)

37. 2023년 11월 28일(현지시각) 프랑스 파리 외곽 팔레 데 콩그레에서 열린 제173차 국제박람회기구(BIE) 총회 2030 세계박람회 유치 경쟁 1차 투표 결과 사우디 리야드가 2030 엑스포 개최지로 선정됐다. 사우디가 119표를 얻어 3분의2가 넘는 표를 획득하면서 결선 투표 없이 개최지가 확정됐다. 한국은 29표, 이탈리아 17표를 얻었다. 기권표는 없었다. 이번 개최지 투표엔 165개국 대표가 참여했다. 대통령실은 "민관이 하나가 돼 치열하게 노력했지만, 아쉬운 결과를 맞이했다"고 밝혔다. 김은혜 홍보수석은 서면브리핑을 통해 "밤늦게까지 결과를 기다리고 부산 유치를 응원해 주신 부산 시민과 국민 여러분께 위로와 감사의 말씀을 드린다"고 말했다. (MoneyS 김유리 기자 보도)

점수를 줄 수 있겠습니까? 야당과의 대화와 협치로 나라를 잘 다스리라고 했더니, 국정 운영은 뒷전인 채 정적 탄압과 야당 죽이기에 여념이 없으니까요.

공희준　저는 윤석열 대통령의 무능력과 무책임함은 그간 보수 정당에서 배출한 대통령들과 비교할 때 더 선명하게 부각된다고 생각합니다.

단적으로 노태우 전 대통령은 군사반란의 수괴였습니다. 그런데도 1987년 대선 이후, 대권을 놓고 경쟁했던 김영삼 통일민주당 총재와 김대중 평화민주당 총재와 김종필 신민주공화당 총재를 정계에서 추방하기 위해 열을 올리지는 않았습니다. 오히려 YS와 JP를 포섭해 초거대 여당인 민주자유당을 출범시켰습니다.

저는 정치적 경쟁의 최종적 승패가 갈리는 무대는 법원이 아닌 투표장이어야만 한다는 소신을 오래전부터 견지해왔습니다. 윤석열 정권과 국민의힘이 2024년 제22대 국회의원 총선거에서 참패한 원인도 투표장이 아니라 법원에서 야당에게 이기려고 골몰한 탓이었다고 봅니다. 그런 생각을 하고 있으니 당연히 선거에 최선을 기울이지 않게 됐지요. 법원 판결이 아닌 유권자의 선택으로 이길 생각을 해야 민심을 두려워하는 법입니다.

김건희 여사가 결국 사과하지 않은 것도, 이종섭 전 국방부 장관을 호주 대사로 임명하는 무리수를 둔 것도 투표장이 아니라 법원에서 이기겠다고 생각한 치명적 후과였다고 봅니다. 민주주의 정치 체제에서 제일 위력적인 힘은 국민들의 투표에서 나옵니다. 윤석열 대통령 본인의 가장 강력한 권력 기반이 민심의 선택에 있었음을 완전히 잊은 것 같습니다.

저는 김 여사가 리투아니아에서 명품 쇼핑에 나섰던 사실이 알려지면서 국내 여론의 십자포화를 맞았을 때 뜨악했던 점이 있습니다. 그 수많은 수행원 중에 "지금은 고급 부티크에나 들락거릴 때가 아니다"라고 조언한 사람이 단 한 명도 없었다는 사실 때문이었습니다.[38]

안진걸　나토 정상회담에 참석한 대통령의 배우자가 명품 구매에 나선 일은 정말 있어선 안 되는 일이었습니다.

임세은　문재인 정부에서라면 상상할 수 없는 일이었어요. 아니, 처음부터 불가능한 일이었습니다. 저희가 청와대에서 왜 국민 세금으로 월급을 받았겠습니까? 직언하라고 받았습니다. 문제가 될 소

38.　리투아니아 인터넷매체인 주모네스(zmonĖs.LT)는 현지시간으로 2023년 7월 11일 김건희 여사가 명품 브랜드 제품을 모아 파는 편집숍인 두 브롤리아이(Du Broliai)를 방문했다고 보도했다. 주모네스 기사에 따르면 "김 여사는 예고 없이 방문했으며, 모두 16명의 일행 중 6명은 가게 바깥에 있었고, 10명은 가게 안에 있었다"고 한다. 주모네스는 "한국 대표단 몇 명이 김 여사 방문 다음 날 다시 와서 추가로 물건을 구매했다"며 김 여사가 무엇을 사고 얼마를 썼는지는 밝혀지지 않았다고 전했다.

지가 있는 일이라는 판단이 들면 저희는 여사께 곧장 의견을 말씀
드렸고, 그러면 김정숙 여사는 저희의 의견을 그 자리에서 즉시 수
용하셨습니다.

청와대에서 근무해본 경험자의 눈높이에서 말씀드리면, 현재의
용산 대통령실은 이해가 안 되는 일투성이입니다. 일례로 집권 초
기, 스페인에서 열린 나토 정상회의에 참석하면서 대통령 전용기에
김 여사의 민간인 신분 지인을 동행시킨 일은 명백한 불법행위였습
니다.

공희준　　문제의 지인은 윤 대통령의 검찰 후배인 이원모 인사비
서관[39]의 부인이었음이 나중에 밝혀졌습니다.

임세은　　대통령 전용기에 탑승할 수 있는 여권은 아무에게나 함
부로 발급해주지 않습니다. 그런데 일반인이 여행길에 친구 데려가
듯 동행시켰습니다. 이는 그 누구도 김 여사의 행동에 문제를 제기
하지 않았다는 증거입니다. 눈앞의 불이익을 피하려고 다들 땅바닥

39.　이원모 전 용산 대통령실 인사비서관은 4·10 총선에 여당 후보로 출마했다가
낙선한 뒤, 해병대 채 상병 순직 사건 수사 외압 의혹 연루 정황이 드러난 이시원 전
공직기강비서관을 대신해 대통령실 공직기강비서관으로 임명되었다. (한국금융경제신문
양지훈 기자 기사) 이원모 비서관은 정부공직자윤리위원회가 전자관보를 통해 공개한
고위공직자 재산공개 내역에서 모두 445억 9,594만 원의 재산을 신고해 대통령실 참모
가운데 재산 1위에 올랐다. (MBN 원중희 기자 기사)

에 납작 엎드려 복지부동하고 있는 것 같습니다. 그 사람들이 지금이야 서슬 퍼런 기세에 눌려 조용히 침묵하겠지만, 정권의 끝이 다가올수록 앞다퉈 빠져나올 게 뻔합니다.

2 ——————————————————————————

⟶ 선 긋는 민심

한동훈 대표 체제, 윤 대통령의 미래는?

공희준　　한동훈 전 비상대책위원장이 국민의힘 전당대회에서 당 대표로 선출됐습니다.[40] 한동훈 신임 대표의 등장이 조기 대선의 실현 가능성을 높일지, 아니면 낮출지 전망해주셨으면 합니다.

임세은　　저는 한동훈의 여당 대표 당선이 탄핵 가능성을 높일 것으로 이전부터 예상해왔습니다. 민주당에 몸담은 사람들 가운데 한 전 위원장이 집권당 당수가 되기를 바라는 사람이 많았을 거예요. 윤석열 대통령을 하루라도 빨리 퇴진시키는 데 도움이 되는 일이라

---

40. 한동훈 대표는 2024년 7월 23일 경기도 고양시 킨텍스에서 열린 당대표 선출 전당대회에서 과반을 훌쩍 뛰어넘는 62.84%(총 득표수 32만 702표)를 얻어 결선투표 없이 1차 투표에서 당선되었다. 반면, 친 윤석열 계열의 전폭적 지지를 등에 업은 원희룡 전 국토교통부 장관은 18.85%(9만 6,177표) 득표에 머물렀다.

면 어떤 일도 쌍수 들고 환영하는 분위기이기 때문입니다. 대선이 빨라진다는 건 정권 탈환도 빨라진다는 뜻이니까요.

한동훈 대표는 신념이 강해 보이는 유형의 인물은 아닙니다. 그는 박근혜 전 대통령의 국정농단 범죄를 수사한 박영수 특검에서 윤석열 대통령과 함께 활동했습니다. 당시 서울중앙지검 3차장 검사로 수사 실무를 진두지휘했었죠. 한동훈 대표는 당시 일에 대해 공무원으로서 상부의 명령을 받고 특검팀에 어쩔 수 없이 참여했다는 식으로 이야기하고 있습니다.

공희준 당 대표 유세 당시, 박근혜 대통령 사저를 찾아가 죄송하다며 사과까지 했죠.

임세은 한동훈 대표는 박근혜 정권 인사들을 수사하던 시기가 자기 인생의 화양연화였다고 말한 사람입니다. 윤석열 정부 들어 정권의 2인자로 여겨지기도 했고요.

윤석열과 한동훈 두 사람은 오랫동안 찰떡궁합을 과시해왔습니다. 그러나 비대위원장을 맡은 다음부터는 뭐가 틀어졌는지 수시로 부딪치고 있습니다. 윤 대통령 부부와 한동훈 대표는 누가 보기에도 불편한 관계가 되어버렸습니다. 두 사람 아니 세 사람의 속내를 제3자인 제가 정확히 판단하기는 어렵습니다. 그래서 정치권에서 흔히 빚어지는 선후배 사이의 갈등에 대입해 불화의 원인을 유추해

봤습니다.

다른 분야도 비슷하겠지만, 정치권에서 후배가 성장하면 선배가 점유해온 영역과 권력을 자연스럽게 넘보게 됩니다. 선배는 그런 행동을 자신에 대한 반역이나 불충으로 해석합니다. 검찰 시절부터 선후배 관계였던 두 사람도 이러한 도전과 응전의 원리에서 예외가 아닙니다. 화기애애했던 수직적 주종관계가 삭막하고 수평적인 경쟁 관계로 바뀌었습니다.

후배인 한 대표는 나름대로 자신의 머리가 굵어졌다고 생각할 텐데, 선배인 윤 대통령은 여전히 만만하게 대할 테니 기분이 좋을 리 없습니다. 그러한 감정적 대립이 하나둘 쌓이다가 임계점에 도달하면 걷잡을 수 없이 폭발하게 됩니다.

여당 비대위원장은 가벼운 자리가 아닙니다. 영향력도 생기고, 따르는 사람들도 생깁니다. 게다가 한동훈 대표는 자존심이 무척 강한 사람으로 알려져 있습니다. 하지만 윤석열 대통령은 한동훈 대표를 예전처럼 오라면 오고 가라면 가는 말 잘 듣는 후배 정도로 생각했을 겁니다. 선배가 후배의 변화된 위상과 무거워진 몸값을 존중하지 않아 분란이 생기는 사태는 여당에서나 야당에서나 비일비재합니다. 권력의 생리와 인간관계의 본질은 진영과 정파를 막론하고 비슷하니까요.

저야 한동훈 대표가 윤석열 대통령에게 계급장 떼고 이판사판 달려들기를 바라지만, 당분간 일이 그렇게까지 치닫지는 않을 겁니다.

일단은 서로 숨죽이고 냉각기를 갖겠지요. 그러나 한동훈 대표가 윤석열 대통령 부부의 보이지 않는 속사정을 속속들이 알고 있을 테니, 대통령실이 한동훈 대표를 함부로 대하기는 어렵겠죠. 저는 잠시 소강 사태에 접어든 현 정권의 내전이 머지않아 다시 불붙을 것으로 예상합니다. (이후 실제로 김건희 여사 수사, 대통령실 인적 쇄신 등의 문제로 두 사람 사이의 갈등이 표면화되었다.)

공희준 그렇게 생각하시는 이유가 뭔가요?

임세은 비상대책위원장은 임명직이지만, 당 대표는 선출직입니다. 임명직은 정통성과 권한의 한계가 뚜렷합니다. 그러나 이제 한동훈은 과반을 웃도는 압도적 득표율로 선출된 당 대표 신분이기 때문에 어깨에 힘이 들어갈 수밖에 없습니다. 윤 대통령이 없어도 당을 장악하고 여권을 대표해 대선에 도전할 수 있다는 자신감을 얻었을 겁니다. 그런데 윤 대통령이 어떤 사람입니까? 바뀐 현실을 인정하지 않는 사람입니다.

공희준 그래서 제 페이스북 친구 중 한 명은 윤 대통령을 '주Q'라고 부릅니다. 술 '주酒'와, 루쉰의 소설 《아Q정전》에서 정신승리를 일삼으며 현실의 패배를 부정하려 드는 주인공 '아Q'의 합성어입니다.

임세은　윤 대통령은 총선에 패배했음에도 변화를 거부했습니다. 그런 분이 전당대회에서 쓴맛을 좀 봤다고 쉽사리 바뀌겠어요. 민심의 선택을 무시했듯이, 당심의 선택도 무시하겠죠. 윤 대통령의 그러한 고집불통 자세에 한동훈 대표가 과연 순순히 복종할까요? 윤 대통령의 고집과 한 대표의 자존심이 충돌하면서 갈등의 원심력이 점점 더 커질 겁니다.

공희준　과연 한 대표가 윤 대통령과 척을 진 채 대통령이 될 수 있다고 생각할까요? 현직 대통령과 거칠게 대립각을 세운 여당 대선 주자일수록 선거에서 미끄러지는 경우가 많았으니까요.

임세은　저는 이명박과 갈등한 박근혜가 대선에 승리하면서 말씀하신 징크스가 깨졌다고 봅니다. 게다가 한동훈은 실패와 좌절을 모르는 삶을 살아왔습니다. 성장 환경 자체부터가 부유한 금수저 집안이었어요. 스물다섯 살에 어머니가 강남에 아파트를 사줬을 만큼 부족함을 모르고 살았습니다. 무려 9수를 했던 윤 대통령과 달리 사법시험도 수월하게 합격했습니다. 최연소 검사장에, 대한민국 헌정사에서 두 번째로 젊은 법무부 장관이었습니다.[41] 인생 자체가 꽃길이었어요. 거기에 자기 힘으로 여당 당수가 됐다고 생각할 테니

41.　대한민국 최연소 법무부 장관은 강금실 전 장관이다. 그는 만 46세 때인 2003년 노무현 정부의 초대 법무부 장관으로 임명됐다.

거리낄 게 없습니다. 마음만 먹으면 뭐든 이룰 수 있다는 자신감이 충만하기에 딱 좋은 환경입니다.

　일반 국민 눈에는 윤석열 대통령이 무시무시하게 보이겠지만, 엘리트 검사로 승승장구해온 한 대표에게 윤 대통령은 대적 불가능한 가공할 존재가 아닙니다. 힘이 없을 때는 윤 대통령과 어쩔 수 없이 한배를 탔겠지만, 여당의 무게중심이 한동훈에게로 이동하는 지금은 '윤석열이 시키면 한동훈이 실행하는' 상황이 계속 이어지기 힘듭니다. 저라도 '내가 윤 대통령보다 나으면 나았지, 못하지는 않다'라고 생각할 것 같습니다.

공희준　　윤 대통령과 비교하면 한 대표의 우위가 확실하기는 해 보입니다. 그 비교우위가 국민의힘에는 구심력보다 원심력으로 더 크게 작용하리라는 게 맹점이겠지만요.

임세은　　술도 안 마시죠, 부인이 학력을 조작했다는 구설에 휘말릴 일도 없습니다. 저는 한동훈 대표가 조기 대선에 반대할 이유가 없다고 봅니다.

공희준　　당선 가능성이 크기 때문인가요?

임세은　　아니요. 윤석열 정부에 대한 분노와 실망감이 들끓는 상태에서 다음 대통령이 될 수 있으리라 생각하지는 않을 거예요. 민주당으로 정권이 넘어갈 것을 예감하고 있겠죠. 그러나 결과적으로는, 윤 대통령이 빨리 물러나야 자신이 대통령이 될 수 있는 시간도 빨라질 수 있다고 생각할 겁니다.

공희준　하지만 대선에서 패배했을 때 어떤 시련과 수난을 겪게 되는지를 이재명 대표가 명확히 보여주고 있습니다. 한동훈 대표도 대선에서 패배할 경우, 적잖은 고초를 겪을 게 뻔합니다. 그렇게 보면 무조건 다음 대선에서 당선되어야만 하지 않을까요?

임세은　한동훈 대표에게는 강력한 알리바이가 있습니다. 바로 윤석열 대통령과 김건희 여사입니다. 선임자에게 책임을 전가하는 건 후임자가 종종 선택하는 생존 전략입니다. 선배의 그늘에 숨어 안전을 구하는 거죠. 여야를 막론하고 우리 정치권에 만연한 현상입니다. 저도 정치에 입문한 뒤로 그런 불미스러운 광경을 여러 차례 목격했습니다.

공희준　그런 장면을 목도할 때마다 인간에 대한 회의와 혐오감이 싹틀 것 같습니다.

사라져 가는 특검 거부 명분

안진걸　저는 임세은 대변인님과 생각이 조금 다릅니다. 한 대표는 무조건 다음 대통령이 되려고 총력을 기울일 겁니다. 윤 대통령은 이미 두 번의 심판을 받았습니다. 2024년 4월 총선에서 일반 유권자들로부터 민심의 심판을 받았고, 7월 전당대회에서는 국민의힘 당원들로부터 당심의 심판을 받았습니다. 여당 지지층이 윤 대통령에게 크게 실망했고, 보수세력의 염원인 정권 재창출을 이루려면 한동훈이나 오세훈처럼 상대적으로 친윤 색채가 덜한 인사들로 가야 한다는 결론을 내렸다고 생각합니다. 전당대회에서 원희룡, 나경원, 윤상현 세 사람이 한동훈을 협공하는 구도가 만들어졌는데, 이는 오히려 한동훈 대세론을 굳혀주는 역효과를 낳았습니다.

윤석열 정부가 출범한 지 2년 반도 되지 않았습니다. 그러나 20년 넘은 정권처럼 국민에게 피로감을 주고 있습니다. 대다수 국민들은 견디기 어려울 만큼 이 정권을 지긋지긋하게 여깁니다. 국민의힘과 정치검찰 이야기만 들어도 치가 떨린다는 사람이 한둘이 아닙니다. 따라서 한 대표는 윤 대통령과 도매금으로 휩쓸려가기 전에 차별화를 이뤄내야 합니다. 한동훈이 사는 길과 윤석열이 사는 길은 양립이 불가능합니다.

한동훈은 눈치가 빠르고 야심만만한 인물입니다. 그러니 총선 패배의 주역임에도 당 대표 경선에 태연하게 출마할 수 있었겠죠. 여권 전체를 통틀어 자기 이외의 마땅한 대안이 없다고 영리하게 계산한 결과일 겁니다. 당 대표 출마에는 한동훈 개인의 욕망과 권력의지가 크게 작용했다고 봅니다. 스스로 윤 대통령을 넘어설 인물로 자평했겠지요. 그러려면 윤 대통령과의 차별화는 선택이 아닌 필수입니다. 한 대표 주변에는 그러한 차별화를 종용하는 인물이 많습니다.

공희준　김 여사를 마리 앙투아네트에 빗대어 대통령실을 격분시킨 김경율 회계사가 차별화를 강력히 주장하는 인물이 아닐까 싶습니다. 이번 전당대회에 불출마를 선언한 유승민 전 의원은 '배신자 프레임'에 갇혀 10년 가까이 발목이 붙들려 있습니다. 한동훈 대표가 바보가 아닌 이상, 유승민이 왜 저토록 오랫동안 고전하는지 잘 알 테니, 제2의 유승민이 되는 위험을 피하기 위해서라도 탄핵을 막으려 나서지 않을까요?

안진걸   지금도 외견상으로는 그런 태도를 보이고 있습니다. 한 대표는 오히려 원희룡, 나경원, 윤상현 세 사람이 전당대회 국면에서 탄핵을 공론화한다고 역공을 펼쳤습니다.

공희준   미국의 저명한 인지언어학자인 조지 레이코프가 《코끼리는 생각하지 마》라는 책에서 역설한 대로 탄핵을 저지하려면 탄핵을 생각조차 하지 말아야 하니까요. 한 대표의 말은 그 이론을 거꾸로 이해한 듯합니다.

안진걸   한동훈 대표는 자신만이 윤석열 대통령 탄핵 기도를 분쇄할 수 있다고 반복적으로 강조해왔습니다. 저는 그 말의 진정성이 의심스럽습니다. 박근혜에 대한 입장 변경과 자신을 이제껏 키워주고 밀어준 윤석열 대통령 부부와 서슴없이 결별하는 모습에서 한 대표의 권력지향적인 성향을 볼 수 있습니다.
  권력은 가족 간에도 나눌 수 없습니다. 하늘에 태양이 동시에 두 개가 뜰 수도 없고요. 한 대표는 지난 전당대회를 거치며 국민의힘의 유일한 태양으로 떠올랐습니다. 윤석열 대통령 부부가 어떻게든 그의 부상을 막으려 안간힘 썼지만, 결국 여권에서 한동훈 대표 쪽으로 권력 이동이 일어났습니다. 그렇지만 당분간은 잠잠하겠죠. 취임사에서도 윤석열 정부를 이미 역사에 기록될 유능한 정부라고 추켜세웠으니까요.

공희준   속내가 뭐였든 윤 대통령 부부에게 화해의 손짓을 보낸 건 사실입니다.

안진걸   한동훈 대표는 윤석열 정부에 대해 "자부심을 가져도 된다"라는 낯간지러운 찬사까지 했습니다. 하지만 본격적인 전쟁에 앞서서는 평화공세가 선행되는 법입니다. 한동훈 대표가 단지 때를 기다리고 있을 뿐이라고 생각합니다. 윤석열 대통령과 과감하게 차별화하는 편이 자신의 대권 행보에 도움이 된다고 판단하는 순간, 가차 없이 선전포고를 날릴 겁니다. 물론 유승민 전 의원을 반면교사로 삼아 배신자 프레임에 걸려들지 않도록 최대한 주의를 기울이기는 하겠죠.

윤 대통령 지지율은 각종 여론조사에서 20%대 박스권에 갇혀 있습니다. 여당의 차기 대선 주자라면 국민에게 인기 없는 윤 대통령을 정리하려 할 수밖에 없습니다. 그런 정리 방안에는 국민의힘에서 탈당해 달라는 요구까지도 포함됩니다. 임기 만료가 가까워진 대통령들 대다수가 집권당 대선 후보 진영으로부터 당적 정리를 요구받기도 하고요.

공희준   조기 퇴진의 성공을 추동하는 주체는 결국은 민심입니다. 중·수·청, 즉 중도층·수도권·청년세대, 이 세 집단의 민심이 정권에 마침표를 찍자는 방향으로 움직여야 윤 대통령의 임기 만료 전 퇴진이 가능하지 않을까요? 이는 박근혜 전 대통령 탄핵에서 증명된 일입니다.

한동훈 대표는 본인이 중·수·청 민심을 탄핵 반대로 끌어올 수 있다고 호언장담하고 있습니다. 국민의힘 외연 확장의 적임자가 자신이라는 논리입니다. 만약 그러한 장담이 허장성세가 아니라 실제로 이뤄진다면, 한동훈 대표가 윤 대통령을 탄핵의 쓰나미로부터 지키는 가장 확실한 방파제 역할을 하게 됩니다.

안진걸　　한동훈 대표에게 그런 셈속이 있을지도 모릅니다. 저는 국민들께서 반드시 염두에 두셨으면 하는 부분이 있습니다. 한동훈 같은 특정 정치인에게 의지해 윤석열 정부의 조기 퇴진을 이뤄내겠다는 생각은 저희에게 추호도 없다는 점입니다. 윤석열 정부의 퇴진은 국민을 위해 해야만 하는 일입니다, 대한민국을 위해 달성해야만 할 목표입니다. 윤석열 정부 출범 이후 나라가 엉망이 됐습니다. 더는 이대로 놔둘 수 없습니다. 물론 여당의 일부 세력이 동참한다면 정권 퇴진을 좀 더 앞당길 수는 있습니다. 그렇다고 그들의 선의와 협력만 믿고 갈 수는 없습니다.

태극기 부대로 일컬어지는 과격 극우 세력은 한동훈에 대한 반감이 큽니다. 저는 한동훈을 반대하는 '반한 연대'가 이념과 정파를 초월해 자연스럽게 형성될 가능성도 있다고 봅니다. 당 대표 당선 이후 컨벤션 효과로 한 대표에 대한 호감이 일시적으로 반짝 상승할 수 있겠지만, 중도층 민심, 수도권 여론, 청년들의 마음을 얻는 일은 원천적으로 불가능하다고 봅니다. 이 세 그룹 유권자들이 한동훈을 지지하고 신뢰할 만한 요소가 없으니까요.

윤석열 대통령의 국정 운영에 대한 중도층의 부정평가가 70%를 넘어선 지 오래입니다. "윤석열 정부는 성공한 정부니 자부심을 갖자"라는 호소에 어느 중도층이 호응하겠습니까? 윤 대통령에 대한 2030 청년세대의 긍정 평가는 10%대 수준에 오래 머물러 왔습니다. 한동훈 대표가 짠하고 나타난다고 해서 이러한 민심의 지형이 갑자기 변하겠습니까? 다만 한 가지 변수는 있습니다. 한동훈 대표가 채 상병 특검법과 김건희 특검법에 마지막 결정적 단계에서 찬성하는 경우의 수입니다.

공희준 한동훈 대표는 야당이 특검을 추천하는 종전 방안을 대법원장이 추천하는 방식으로 수정하면 특검법안에 찬성할 용의가 있다고 밝혔습니다.

안진걸 대법원장이 특검을 추천하는 방안은 응할 수도 없거니와 응해서도 안 됩니다. 조희대 현 대법원장은 대법관 시절에 중요한 재판마다 보수 일색의 의견을 공공연히 피력해왔습니다. 그런 분이 보수 정부를 상대로 성역 없는 수사에 나설 인물을 특검으로 추천하려고 할까요? 그래서 저는 대법원장보다는 야당과 대한변협이 합

의해 특검 후보를 추천하는 게 공정하고 바람직한 방안이라고 생각
합니다.

공희준   야당이 유연성을 발휘할 여지가 있다는 말씀이네요.

안진걸   재의결에서 특검이 불발되면 그런 방향으로 가야겠죠.[42]
국민의힘에서 여덟 명의 반란표가 나오게 하려면 한동훈 대표와의
협상에 나서야 할 수도 있다는 의미입니다. 대한변협이 특검 추천
에 관여하는 방안마저 거부할 명분이 여당에게는 없습니다.

현재 탄핵에 찬성하는 여론은 여론조사 응답자의 60% 안팎으로
꾸준히 집계되어왔습니다. 보정을 하면 그보다 더 높아집니다. 어르
신 세대와 특정 지역에서만 탄핵 반대 여론이 유달리 높게 나오기
때문입니다. 나머지 세대와 지역에서는 탄핵에 찬성하는 비중이 압
도적으로 높습니다. 그렇지만 아직도 부족한 느낌이 있습니다. 박근
혜 대통령 당시의 선례를 되돌아보면 찬성 여론이 전체 유권자의 8
할에 도달할 때부터 이후 과정이 급물살을 탔습니다. 탄핵은 뚜렷

---

42.   해병대 채 상병 특검법(공식명칭 : 순직 해병 진상규명 방해 및 사건 은폐 등의
진상규명을 위한 특별검사 임명법)은 2024년 7월 25일 실시된 국회 재표결에서 전체
총투표수 299표 중 찬성 194명, 반대 104명, 기권 1명으로 본회의 통과에 필요한 출석 의원
3분의2 이상의 찬성을 얻지 못해 부결되었다. 이후 2024년 9월 11일에 거부된 법률안을
수정해 10월 4일 국회 본회의에서 재표결하였으나 찬성 194표, 반대 104표, 무효 2표로 다시
부결되었다.

한 근거와 명분을 확보해야 착수할 수 있는 일입니다.

공희준   어설프게 졸속으로 추진했다가는 반대 세력으로부터 되치기를 당할 테니까요.

안진걸   그렇죠. 대한변협 같은 중립적 기관이 특검을 추천하면 채 상병 특검과 김건희 특검에 대한 민심의 지지가 급격히 높아질 수 있습니다.

조기 대선, 가능한 이야기일까?

공희준　　이준석 개혁신당 의원은 임기 단축 개헌을 공식적으로 주장하고 나섰습니다. 국민의힘 대표를 지냈던 이준석의 주장이기에 윤 대통령을 돕기 위한 꼼수로 해석하는 사람도 있고, 반대로 탄핵을 에둘러 표현했다고 의미를 부여하는 사람도 있습니다. 개혁신당은 범보수로 분류되는 정당입니다. 만약 임기 단축 개헌이 탄핵의 완곡한 표현이라면 이는 보수진영 일각도 윤 대통령 탄핵에 찬성했다는 뜻으로 풀이할 수 있을 것 같습니다.

임세은　　조기 대선은 탄핵의 자연스러운 결과물 아닌가요? 윤 대통령이 정상적으로 임기를 채우지 못할 것이라는 전망이 보수세력 내에서도 점점 더 공감을 얻어가고 있다고 생각합니다. 이왕 조기 대선을 하려면 빠르면 빠를수록 좋습니다.

공희준   그런데 여당 의원 8명을 탄핵 연대로 끌어들이는 일이 만만치 않아 보입니다.

임세은   저는 국민의힘에 몸담은 정치인들 전원이 극우는 아닐 거라고 봅니다. 정권 지키기에 몰두하다가 보수 전체가 공멸할 수 있다는 걸 모르지는 않을 거예요. 윤 대통령을 둘러싼 범법 혐의와 비리 의혹의 불똥이 언제든 여당으로 옮겨붙을 수 있기 때문입니다. 정치인들은 본인의 생존이 우선입니다. 국민의힘도 결국에는 합리적 선택을 할 확률이 높습니다.

공희준   저는 대한민국 보수가 정의로운 선택은 못 하더라도 생존에 필요한 합리적 선택은 해왔다고 생각합니다. 여당의 선택에 관한 논의는 이쯤에서 마무리하고, 더불어민주당을 중심으로 야당에 관한 이야기를 나눠보겠습니다. 더불어민주당의 탄핵과 관련한 태도는 다소 애매합니다. 정확히 뭘 하겠다는 것인지 여전히 오리무중이라고 할까요.

임세은   민주당은 현재 원내 1당입니다. 행보와 운신이 조심스러울 수밖에 없습니다. 탄핵을 시도했다가 불발되면 그 후폭풍이 만만치 않을 테니까요. 다만, 탄핵을 촉진할 분위기 조성에는 적극적으로 나서고 있는 모습입니다. 국회 법제사법위원회(위원장 정청래)

에서 개최된 '윤석열 대통령 탄핵소추안 즉각 발의 요청에 관한 청원' 청문회가 그중 하나입니다. 당장 탄핵에 나서고 싶은 마음은 당원과 지지자들 사이에서 굴뚝 같습니다. 그러나 특검법 재표결 결과에서 보았듯이 200석의 찬성표를 얻기가 현실적으로 쉽지 않습니다. 여당의 이탈표를 끌어내려면 고도의 정치력이 필요합니다. 그러나 이러한 현실적 고려와 무관하게 현 정권을 조기에 종결해야 한다는 데에는 민주당 정치인들과 당원, 지지자들의 의견이 일치하고 있다고 생각합니다.

공희준 민주당 강성 지지층은 여당 의원들을 당장 퇴치해야 할 악마처럼 여기는 모습입니다. 그러나 지금처럼 국민의힘 정치인들을 사갈시하면 대오에서 이탈하고 싶어도 자존심 때문에 이탈하지 못합니다. 그게 윤 대통령 탄핵을 지상과제로 삼고 있는 민주당의 치명적인 딜레마 아닐까요?

임세은 저는 국민의힘과 싸우는 일에는 둘째가라면 서러워할 사람입니다. 그렇기 때문에 탄핵에 필요한 의석에서 8석이 모자라는 게 생각하면 생각할수록 분하고 아쉽습니다. 여당은 탄핵 저지선을 일단 확보했기 때문에 나름 선방했다는 분위기입니다. 저는 대통령실의 실제 목표 역시 원내 1당이 되는 일이 아니라 탄핵 저지선을 지키는 데 있었다고 보고 있습니다.

공희준　　총선 국면에서 윤 대통령 내외가 한 일들을 보면, 선거에서 이기고 싶은 사람들의 행동으로는 보이지 않습니다.

임세은　　175석은 국회를 주도하기에 충분한 의석입니다. 그러나 윤석열 정부의 잘못을 막아서기에는 모자란 의석입니다.

공희준　　야당이 입법 폭주를 하고 있다고 하는데, 대통령의 거부권이 강하게 작동하는 한에는 찻잔 속의 폭주로 보입니다.

임세은　　그렇습니다. 사실 일반 당원이나 지지자들은 여당 정치인들을 악마화 할 수도 있다고 봅니다. 그러나 여당을 직접 상대하는 국회 공간에서 상대를 공격만 하는 건 능사가 아닌 것 같습니다.

공희준　　국민의힘 정치인들을 탄핵 찬성의 방향으로 설득하고 견인하려면, 이재명 대표의 결단이 필요합니다. 이 대표가 여당 의원들을 적극적으로 포용하지 않으면, 다른 분들도 그럴 수가 없거든요. 자칫 강성 당원들로부터 수박이라며 욕을 들을 테니까요.

임세은　　이재명 대표가 첫 테이프를 끊어야만 할 일들이 분명히 있기는 합니다. 저는 남들이 주저하고 망설이는 일에 과감하게 앞장서는 게 바로 고도의 정치력이라고 생각합니다.

공희준   과거의 전례를 살펴보면, 김대중 국민회의 총재가 앞장서서 주도했기 때문에 김종필 자유민주연합 총재와의 DJP 연합이 성사될 수 있었습니다. 권노갑이나 한화갑 같은 분들이 김종필 총재와의 선거 연대에 앞장섰다면 연합이 틀림없이 불발됐을 거예요. 야바위꾼 소리 들으며 온갖 봉변을 당했겠지요.

임세은   대한민국은 법치주의 국가입니다. 제도권 안으로 수렴되지 못한 광장의 목소리와 거리의 요구는 공허한 외침에 그치고 맙니다. 윤석열 정부의 대책 없는 질주를 막아서는 일은 국회 의석을 가진 정당들의 몫입니다. 저는 윤석열 대통령을 막아서는 일이 보수를 바로 세우는 데 도움이 되는 일이라는 점을 국민의힘 의원들이 머잖아 깨달으리라 믿습니다.

보수 논객들마저 등 돌리는 까닭

안진걸   저 또한 국민의힘에 불만이 많지만, 제도정치권에서 구성원 전체가 악마인 정당은 없습니다.

공희준   구성원 전체가 천사인 정당도 없고요.

안진걸   천하람 개혁신당 의원, 신인규 민심동행 대표 같은 인물들은 국민의힘 출신입니다. 그렇지만 개혁성 측면에서 높은 점수를 받고 있습니다. 저는 민심의 흐름을 아는 정치인들이 국민의힘 안에 소수나마 존재하리라 생각합니다. 물론, 한동훈 체제의 국민의힘이 윤석열 정부를 막아서는 데 도움을 준다면 가장 이상적이겠죠. 그런 맥락에서 안철수 의원이 채 상병 특검안 표결에서 찬성표를 던진 결정은 매우 고무적이었습니다.

시간은 윤석열 대통령 편이 아닙니다. 숨겨졌던 사실들과 가려졌던 진실들이 하나둘 윤곽을 드러낼 것이기 때문입니다. 설상가상으로 윤석열 정권의 자충수가 거듭되고 있습니다. 검사들이 방문 조사인지 출장 조사인지, 매우 이례적인 형식으로 김건희 여사를 조사한 일로 민심이 부글부글 끓고 있습니다. 김건희 특검법에 대한 여론의 찬성률이 낮아지려야 낮아질 수 없는 이유들을 윤 정권 스스로 제공하고 있습니다.

여당 의원들을 설득하는 일에는 이재명 대표가 물론 앞장서야겠죠. 그렇지만 민주당 의원들 중에 여당 의원들과 이런저런 인연으로 얽힌 분들이 있습니다. 그런 인연을 최대한 활용해야 합니다. 야당의 현역 의원뿐만 아니라 범야권 전체가 국민의힘에서 이탈표를 만드는 데 힘을 보태야 합니다. 윤석열 정부 들어와 누구도 예측하지 못한 돌발변수들이 끊임없이 발생해왔습니다. 여권 일각에서 운위되는 '한동훈 3일 천하론'을 호사가들의 장난스러운 가십성 이야기로 흘려넘겨선 안 됩니다.

공희준　이준석 전 대표를 새벽에 윤리위에 소집해 쫓아낸 전례가 있으니 못할 일도 아니죠.

안진걸　정권이 말기에 이르면 집권세력 안에서 내홍이 격화되어 새로운 폭로들이 튀어나옵니다. 국민의힘의 7·23 전당대회는 분당

대회라는 조롱과 냉소를 자초했습니다. 전당대회 과정에서 펼쳐진 사태들을 보면 분당대회도 점잖은 표현입니다. '악당대회'라고 말해도 과언이 아닐 지경이었습니다.

공희준   맞습니다, 악당대회. 승자나 패자나 저마다 악역을 자처하는 아수라장이었습니다.

안진걸   윤 대통령의 지지율은 이후로도 꾸준히 떨어질 것으로 보입니다.

공희준   장기적 반등을 이끌 만한 호재가 보이지 않으니까요.

안진걸   밖에서 무너뜨리는 경우도 많지만, 윤석열 정권의 경우에는 내부에서 자기들끼리 다투고 싸우다가 제풀에 쓰러지는 양상을 줄곧 보여왔습니다.

공희준   정국 상황이 더 악화하면 여권 내에서 윤 대통령에게 퇴진하라는 압박성 조언을 할 수도 있겠습니다. 질서 있는 퇴각이나 명예로운 자발적 하야의 형태를 띠면서요.

안진걸   이대로 3년을 더 가면 보수진영과 국민의힘은 윤석열 리스크와 김건희 리스크 때문에 재기 불능 상태까지 진이 빠질 대로 빠지게 됩니다. 중도 확장성이 있다고 자처하는 오세훈과 한동훈조차 야당 후보를 상대로 힘 한번 제대로 써보지 못하고 대선에서 완패할 가능성이 큽니다.

보수 중에서도 중도에 가까운 사람일수록 더 늦기 전에 윤 대통령을 퇴진시키고 중도층 유권자에게 소구력 있는 인물로 대선을 치르는 게 낫다는 계산을 할 공산이 큽니다. 국정은 엉망이고, 여당은 내홍인 상태가 오래 지속돼 봐야 국민의힘에 이로울 게 없으니까요. 조갑제 전 월간조선 대표와 정규재 전 한국경제신문 주필은 보수를 대표하는 이데올로그들입니다. 이런 논객들이 윤석열 정부에게 차례차례 등을 돌리고 있어요.

공희준　조갑제, 정규재 두 분은 이준석 의원의 장외 응원군 역할을 하는 데 여념이 없어 보입니다.

안진걸　변희재 미디어워치 대표를 필두로 보수의 오피니언 리더들이 정권에 가위표를 친 일은 매우 의미심장합니다. 그들이 진보 쪽 빅 마우스들 못잖게 탄핵과 조기 대선을 촉구하고 있습니다. 이들의 초 정파적 활동은 윤석열 탄핵 운동에 무시할 수 없는 활기와 동력을 제공하고 있습니다.

공희준   박근혜 전 대통령 탄핵 당시에는 보수, 진보 매체를 막론하고 이구동성으로 신속한 탄핵을 요구했습니다. 그때와 달리 지금은 레거시 미디어(Legacy Media)들이 윤 대통령 탄핵에 회의적이거나 미온적 반응을 보이고 있습니다.

안진걸   2016년 가을과 겨울에는 야당과 언론, 시민단체뿐만 아니라 여당의 상당수 구성원까지 탄핵 대열에 동참했었습니다. 현재는 정치권 내에서 탄핵 당론을 공식적으로 채택한 정당은 기본소득당, 진보당, 사회민주당 정도입니다. 혁신당은 조국 현 대표를 당 대표로 재선출한 7월 20일 전당대회를 계기로 탄핵에 더욱 적극적 자세를 취하기는 했는데, 당 차원의 탄핵 발의 절차에는 아직 공식적으로 착수하지 않았습니다.

저는 추세를 봐야 한다고 생각합니다. 탄핵에 찬성하는 시민단체 수가 점점 늘고 있습니다. 언론이 이 같은 사회적 대세를 무한정 외면할 수는 없을 겁니다. 검찰의 대통령 배우자에 대한 특혜성 출장 조사는 언론지형이 급변하는 분기점이 됐습니다. 이제껏 윤석열 정부에 우호적이었던 〈조선일보〉마저 검찰의 행태를 맹렬히 성토했습니다. 〈중앙일보〉와 〈동아일보〉도 마찬가지였습니다. 윤 대통령이 김 여사의 일로 끌려다녀서는 안 된다는 마지막 경고장을 조중동 삼총사가 정권을 향해 날린 겁니다. 이는 보수언론의 인내심이 임계점에 도달한 징후로 판독해야 옳습니다.

공희준　　그렇지만 저는 윤 대통령 탄핵이 쉽지 않다는 점을 다른 부분에서 발견하고 있습니다. 예컨대 윤 대통령 탄핵을 촉구하는 지식인들의 면면이 박 전 대통령 탄핵을 요구하던 지식인들과 별다른 차이가 없습니다. 그때 그분들이 고스란히 나이만 더 먹은 모양새거든요. 진보는 진보되 나이든 올드 진보가 탄핵의 주력 부대를 형성하고 있습니다.

안진걸　　2030 세대의 윤석열 대통령 지지율이 매우 낮은데, 과연 탄핵까지 해야 하느냐에 관해서는 명확한 결정을 내리지 못한 모습입니다. 청년층이 탄핵 찬성 여론에 합류하려면 또 다른 계기와 조건이 필요합니다. 지금 윤석열 대통령 탄핵 촉구 집회에 참석하는 분들을 보면 50대 이상이 주류입니다. 청년층이 가세하지 않는다면, 정권 내부에서의 급격한 붕괴가 없는 한 탄핵이 쉽지 않을 겁니다. 총선 이후 발의된 특검법안들이 거부권의 벽에 가로막힌 것도 중요한 애로사항입니다.

공희준　　윤석열 대통령을 싫어하는 사람은 대단히 많습니다. 그런데 싫어하는 사람 전부가 윤석열 대통령을 끌어내려야 한다고 생각하지는 않습니다.

안진걸　　박근혜 전 대통령 탄핵 정국에서 민심은 민주당에 압도적으로 힘을 실어줬습니다. 그런데 촛불 정부를 자처하며 출범한 문재인 정부는 국민의 기대와 성원에 미치지 못했습니다. 그로 인해 생겨난 실망과 허탈감이 많은 사람이 온라인에서 오프라인으로 나가지 못하도록 발목을 붙잡고 있다고 생각합니다. 다양한 여론조사 결과를 종합하면 그러한 유권자들이 전체 유권자의 20% 안팎으로 추산되고 있습니다.

공희준　실제로도 윤 대통령에 대한 부정 평가가 70%대까지 치솟은 상황이지만, 정작 탄핵 찬성 여론은 50% 내외에 정체돼 있습니다.

안진걸　탄핵 찬성 여론이 민주당 지지층 안에 국한된 현상도 발견됩니다.

공희준　민주당과 혁신당 지지층을 합친 게 딱 탄핵 찬성 여론이더라고요.

안진걸　윤 대통령을 탄핵하면 민주당이 재집권할 확률이 매우 높습니다. 그러나 상당수 국민들이 민주당이 다시 정권을 잡는 결과를 달가워하지는 않는 것 같습니다. 민주당에 대한 불안감과 의구심이 있기 때문입니다. 국민의 지지와 호감을 충분히 받기에는 여러모로 부족한 측면이 많기 때문이라고 생각합니다.

공희준　　　그래도 이번 총선에서는 압승했습니다.

안진걸　　　민주당이 잘해서 22대 총선에서 대승을 거뒀다고 생각하는 사람들이 과연 몇 명이나 되겠습니까? 윤석열 정부가 싫어서 어쩔 수 없이 민주당을 찍었다는 사람들이 한두 명이 아닌데.

이보다 더 먹고살기 힘들 수 없다

공희준   경제 상황이 호전되어 먹고살 걱정이 없다면, 평범한 국민 입장에서 대통령 부부의 일탈이나 비리 의혹을 대충 눈감아 줄 수 있을지도 모릅니다. 하지만 지금은 성장도 분배도 모두 엉망입니다. 사회의 핵심 토대인 경제가 크게 흔들리면서 민심도 크게 흔들리는 것으로 보입니다.

윤석열 정부는 경제 정책 측면에서 이명박 정부를 계승했다는 평가를 받고 있습니다. 임기 반환점을 앞둔 현재, 윤석열 정부의 경제 정책 전반에 관한 진단이 필요할 것 같습니다.

안진걸   윤석열 정부의 경제는 고공행진으로 요약됩니다. 물가와 금리와 환율이 무섭게 치솟았기 때문입니다. 가계부채와 공공요금도 고공행진 대열에 가세했습니다.

공희준　고물가, 고금리, 고환율 삼고 탓에 서민들과 자영업자들이 거의 죽을 지경입니다.

안진걸　정부는 세계 여러 나라에 비해 대한민국의 물가와 금리가 낮은 수준이라고 말합니다. 그러나 그건 어디까지나 지표상의 수치일 뿐입니다. 문제는 체감 물가와 체감 금리입니다. 정부의 능력이 모자라 고금리와 고물가에 효과적으로 대처하지 못할 수는 있습니다. 그렇다면 정부 요직의 인사들이 국민들의 고통을 분담하려는 모습이라도 보여야 하는데 윤석열 정부는 그런 성의 표시조차 없습니다.

경제를 살리려면 야당과의 협치가 필수입니다. 중앙정부와 지방정부의 협조도 절대적으로 요구됩니다. 윤석열 정부는 야당과의 협치는 물론, 지방정부의 협력을 구하는 데도 소극적입니다. 그러다 보니 같은 보수 정부인 이명박, 박근혜 정부와 비교해도 경제성장률이 낮습니다. (이명박 정부는 평균 3.34%, 박근혜 정부는 평균 3.02%, 문재인 정부는 평균 2.34%의 경제성장률을 기록했다. 윤석열 정부는 첫 6분기 동안 평균 1.7 %의 경제성장률을 보였다.)

문재인 정부는 코로나 19 바이러스 때문에 경제 정책을 수립하고 집행하는 데 제약과 난관이 많았습니다. 그런데 지금은 코로나 때보다 먹고살기가 더 힘들다는 아우성이 사방에서 쏟아지고 있습니다. 심지어 외환위기로 국제통화기금(IMF)에서 구제금융을 받던 시절보다 더 어렵다는 탄식마저 여기저기 쏟아지고 있습니다.

공희준　　기업이고 가계고 간에 현금이 말랐다고 여기저기서 비명을 지르고 있습니다. 그걸 유동성 위기라고 하더라고요.

안진걸　　국세통계연보를 보면 지난해인 2023년에 폐업을 신고한 자영업자 숫자가 100만 명에 육박하는 986,487명입니다. 재작년인 2022년보다 12만 명 증가한 숫자로 역대 최고입니다. 외식업계의 경우에는 다섯 곳 중 한 곳이 넘는 22%의 업체가 폐업했습니다. 그뿐만이 아닙니다. 은행 신용카드 대출금 연체율은 2024년 2월 말 기준으로 3.4%에 달했습니다. 약 10년 전인 2014년 11월 이후 최고치였습니다.

　카드사 현금 서비스는 쪼들리는 사람들이 마지막으로 의지하는 현금 마련 수단입니다. 상황이 이렇다 보니 카드론 잔액도 2024년 6월 말 기준 40조 6,059억 원으로 역대 최고치를 경신했습니다. 1금융권인 은행과 2금융권인 저축은행에서 대출이 막힌 사람들이 급전을 구하려고 카드 대출로 몰려들었기 때문입니다. 카드로도 돌려막기가 안 되면 연체로 갈 수밖에 없습니다.

공희준　　연체 때문에 독촉을 받다 보면, 웬만한 강심장도 멘탈이 무너질 수밖에 없습니다.

안진걸　카드 돌려막기조차 안 되서 연체를 거듭하면, 다음 순서인 파산 단계로 갑니다. 개인이 파산하면 개인 파산이고, 법인이 파산하면 법인 파산입니다.[43] 파산을 면하려면 회생 절차를 밟아야 합니다. 이 때문에 적금을 깨고 보험도 해지한 사례도 최대치로 집계됐습니다.[44] 경제는 이런 모든 요소들이 연동하는 시스템입니다. 한마디로 시중에 돈이 말랐다고 하겠습니다. 동맥경화로 혈관이 막히면 인간의 생명이 위태로워질 수 있습니다. 이와 비슷한 이치로, 돈의 흐름이 막히는 '돈맥경화'로 인해 경제 전체가 붕괴할 수 있습니다. 그리고 돈맥경화의 1차 피해자는 당연히 서민과 중산층입니다.

　민생회복지원금은 돈맥경화를 뚫어줄 수 있는 수단입니다. 더불어민주당을 비롯한 야당은 국민 1인당 25만~35만 원의 민생회복지원금을 지급해 내수 경기를 활성화함으로써 경제의 숨통을 틔우자고 제안했습니다. 그런데 윤석열 대통령은 왜 10억이나 100억은 주지 않느냐고 조롱하며 제안의 의미를 깎아내리기에 급급했습니다. 민생경제를 살리기 위한 야당의 제안을 다른 사람도 아닌 대통령이 조롱하고 무시하는 게 과연 정상적인 상황입니까?

43.　삼정KPMG가 2024년 7월 29일 발표한 자료에 따르면 작년인 2023년 파산을 신청한 기업 수는 1,657건, 기업회생 건수는 1,024건으로 각각 조사되었다. 두 가지 모두 관련 통계 작성 이후 역대 최고치 기록이다.

44.　2024년 1월 17일 생명보험업계가 발표한 자료에 따르면 2023년 1월~10월 기준 생명보험사 해약환급금과 효력상실환급금은 38조 4,357억 원으로 집계됐다. 이는 재작년인 2022년의 36조 7,608억 원보다 4.5% 증가한 액수로 역대 가장 많은 금액으로 조사됐다.

대한민국 경제는 당분간 뚜렷한 회복 조짐이 보이지를 않습니다. 정부는 추경 편성을 거부하는 한편으로 상속세 인하를 밀어붙이고 있습니다. 30억 원 초과 금액에 대해 50%를 부과하던 세율을 30%까지 낮추겠다는 건데, 2022년 기준으로 여기에 해당하는 사람은 955명밖에 되지 않고, 평균 금액은 420억 원입니다. 한 해 1천 명도 되지 않는 초고액 자산가들을 대상으로 세금을 깎아주겠다는 이야기인 겁니다.

이런 식으로 부자 감세를 추진하면, 부족해진 세수를 보충하기 위해 서민을 대상으로 증세를 강행할 수밖에 없을 겁니다. 정부가 부가세 인상에 군불을 때고, 담뱃세와 주세 같은 간접세 인상 관련 이야기가 여기저기서 나오는 상황을 예의주시해야 합니다. 부자 감세도 모자라 서민 증세까지 해버리면 민심은 더더욱 사나워질 게 뻔합니다.

방향도 목표도 알 수 없는 국가경제

공희준　주식투자 이야기를 좀 해보죠. 요즘 서학개미라고 해서 많은 이들이 미국 주식에 투자하고 있습니다. 대한민국 기업에는 비전이 없다는 생각에서 그러는 걸까요?

임세은　투자자 시각에서 보면 한국보다 미국 주식시장이 더 매력적인 건 사실입니다. 먹거리가 더 풍성하니까요. 종목도 다양할뿐더러 주가가 올라가는 분야도 다채롭습니다. 시장 상황도 역동적이고요. 도이치 모터스 주가조작 사건에서 보듯이 한국 주식시장에는 내부자 거래 같은 불투명한 요소들이 여전히 많습니다. 미국 주식시장은 투명성과 신뢰성, 수익성 측면에서 한국 시장보다 높은 평가를 받아왔습니다.

투자자들이 해외 시장을 선호하는 또 다른 요소는 접근성이 현저하게 개선됐다는 점에 있습니다. 예전에는 환전을 비롯한 여러 복잡한 요소들이 해외 주식시장 접근을 어렵게 했습니다. 그러나 지금은 휴대전화에 애플리케이션을 설치하고 몇 가지 가입 절차만 완료하면 누구나 해외 주식을 사고팔 수 있는 세상으로 바뀌었습니다.

공희준   윤석열 정부는 친기업 정책을 펴고 있다고 자평해왔습니다. 윤석열 정부가 진짜로 기업 하기 좋은 나라를 만들고 있는지, 아니면 단순한 자화자찬에 불과한지 궁금합니다. 한국의 여러 대기업이 해외 투자를 늘리고 있는데, 저는 그게 자꾸만 국부 유출처럼 느껴집니다. 어떻게 평가해야 한다고 보십니까?

임세은   윤석열 정부가 친기업 정책을 편다는 건 소가 웃을 이야기입니다. 당장 삼성전자만 봐도 미국에 440억 달러를 투자한다고 발표했습니다. 삼성이 미국에 투자한 건 미국 정부의 성과지, 한국 정부의 업적이 아닙니다. 그런데 윤석열 정부는 이걸 치적으로 호도하고 있어요.

공희준   저도 그게 이상합니다. 바이든 대통령이 윤석열 대통령 취임 직후인 2022년 5월에 평택의 삼성전자 반도체 공장을 방문해 중간 선거를 앞두고 노골적인 선거운동을 했거든요. 대한민국 대통령이 미국 대통령 선거캠프의 수행단장 같았다고 할까요.

임세은　삼성전자, 현대자동차 같은 대기업은 누가 정권을 잡느냐와 관계없이 실적에 급격한 변동이 없습니다. 그동안 쌓아놓은 물질적 기반과 국내외 영업망이 있거든요. 그와 달리 중소기업들은 정부 정책의 잘잘못에 큰 영향을 받습니다. 이 중소기업들이 2023년 8월 말 기준으로 전체 기업 수의 99.1%를 차지하고 있습니다. 전체 노동자 중 약 81.3%가 이곳에서 근무하고 있습니다.

대기업들은 어떻게든 삽니다. IMF 사태 당시에도 상당수 대기업이 살아남았습니다. 그러나 수출보다 내수 위주인 중소기업들은 대기업 제조시설이 외국으로 이전할수록 어려움을 겪을 수밖에 없습니다. 영세 자영업자들의 어려움이야 두말할 필요조차 없겠고요. 큰 회사에 정규직으로 다니는 사람들은 자기보다 더 많이 버는 사람들과 비교해 상대적 박탈감을 느낄지언정 당장 생계의 곤란함은 겪지 않습니다. 그러나 중소기업에서 일하거나 비정규직으로 일하는 노동자들은 자영업자들만큼이나 하루하루가 힘들고 고달픕니다.

이명박 정부와 박근혜 정부는 비록 성공하지 못했더라도 대표 브랜드로 내건 정책은 있었습니다. 이명박 정부는 747, 즉 7%의 경제성장률을 유지하면서 10년 내 1인당 국민소득 4만 달러 시대를 열어, 세계 7위권 경제 강국으로 도약하겠다는 야심 찬 목표를 내세웠습니다. 박근혜 정부는 '창조경제'를 표방했습니다. 문재인 정부는 '소득주도성장'을 추진했습니다. 그러나 윤석열 정부는 간판으로 내세운 경제정책이 아예 없습니다. 옳든 그르든 경제와 관련한 가치와 지향점을 밝혀야 할 것 아닙니까? 그래야 국민과 전문가들이 해당 정책을 검증하고, 그렇게 시시비비를 가리면서 좀 더 나은 대안을 도출할 수 있습니다. 그런데 윤석열 정부의 경제정책은 실체도 없고, 이름도 없습니다. 대통령이 경제와 관련해 이렇다 할 목표도, 좌표도 제시하지 않는 정권은 저는 금시초문입니다. 주먹구구에 마구잡이라고밖에 달리 할 말이 없습니다.

공희준   어디로 튈지 모르는 럭비공 같은 경우라고 봐야겠군요. 사실 '민생 파탄'은 정권의 성격에 관계 없이 야당이 늘 주장하는 대표적인 정치적 수사(Rhetoric)였습니다. 지금은 민생 파탄이 단순한 레토릭으로만 느껴지지 않을 만큼 서민과 중산층의 삶이 어렵습니다. 다른 걸 다 떠나서 돈 벌기가 쉽지 않아요. 총급여액이 1년에 1억 이상인 고액 연봉자 숫자가 2023년 연말 기준으로 130만 명을 넘어섰다고 하는데, 그 반대편에서는 한 달 최저임금 수준인 200만 원 벌기도 어렵습니다. 일감도 일자리도 많지 않거든요. 양극화의 그림자가 고용시장에 짙게 드리운 모습입니다. 유명 스포츠 스타가 수백억을 벌고, 누구는 줄을 잘 타서 연봉으로 몇 억을 받는 공기업에 들어갔다는 이야기가 들리지만, 저 같은 저소득자들에게는 다른 나라, 아니 다른 세계의 이야기일 뿐입니다.

임세은   건물주나 대기업 정규직, 공공부문 종사자를 빼면 지금

138 퇴진하라

다들 어렵습니다. 저는 그래서 이 정부에 더 화가 납니다. 정부의 최고책임자인 대통령이 한 입으로 두말을 하는 게 예사거든요. 건전재정 하겠다면서요? 건전재정 좋지요. 그러면서도 지난 2023년에 대통령 부부의 정상외교 관련 업무에 예비비[45]가 532억 원이나 들어갔을 정도로 나랏돈을 펑펑 쓰고 있습니다. 건전재정 실현과 부자 감세는 뜨거운 아이스 아메리카노처럼 공존 불가능한 개념입니다. 이를테면 최상목 경제부총리 겸 기획재정부 장관은 건전재정을 외치면서도 우크라이나에 재건 사업 지원 명목으로 23억 달러를 제공하겠다고 합니다. 청와대 이전 작업에 들어간 국민 세금은 더 말해봐야 입만 아프고요. 건전재정이 지상목표였다면 청와대 이전도, 우크라이나 지원도 하지 말아야 앞뒤가 맞습니다.

공희준　노동 개혁, 연금 개혁, 교육 개혁은 현 정부가 표방한 3대 개혁 과제입니다. 이 가운데 노동 개혁과 연금 개혁은 경제에 직접적 영향을 미치는 일입니다. 정부 여당은 야당의 발목잡기 탓에 이 두 가지 개혁에 진척이 없다고 푸념하고 있습니다.

임세은　저는 윤석열 정부가 3대 개혁을 실제로 실천하려는 진정성이 있는지 의심스럽습니다. 다른 일들은 거세게 힘으로 밀어붙이

---

45. 국가재정법상의 예비비는 예측하지 못한 지출이 발생하거나 기존에 편성된 예산을 전부 소진한 경우에 사용할 수 있는 일종의 비상금을 뜻한다.

면서도, 3대 개혁에 관해서는 이상하리만큼 몸을 사리고 있거든요.

공희준　　이준석 축출과 이재명에 대한 사법적 압박을 보면 윤석열 대통령은 분명 상남자인데, 말씀하신 3대 개혁 작업과 관련해서는 왠지 다소곳한 새댁 같습니다.

임세은　　노동 개혁은 최대 주 120시간 근무제에서 출발해 72시간을 거쳐 60시간으로 줄어들더니 지금은 흐지부지됐습니다. 연금 개혁은 정권의 명운을 걸고 나서는 것처럼 이야기하다가 이재명 대표가 여당의 제시 방안인 소득대체율 44%를 수용하겠다고 양보 의사를 밝히자 정략적 꼼수라고 폄훼하며 슬그머니 발을 뺐습니다.

공희준　　이재명 대표의 양보에 여당이 허를 찔린 표정으로 허둥지둥했었죠.

임세은　　개혁을 반대하면 발목잡기고, 개혁을 찬성하면 정략적 꼼수니 야당이 도대체 어느 장단에 맞추라는 건가요? 연금 개혁의 요체는 얼마를 내고 얼마를 받느냐의 요율을 조정하는 데 있습니다. 야당이 큰 장애물을 치워줬는데도 여당은 개혁을 회피했습니다. 저는 국민들께서 바로 이 부분을 유의 깊게 주목해주셨으면 좋겠어요. 야당은 정치적 손해를 무릅쓰고 국가의 미래를 위해 연금 개혁에 전폭적으로 협조하려는 의지를 보였습니다. 하지만 철학도 없고, 가치도 없는 여당에서 판을 걷어찼습니다. 이 세상에 야당이 하는 것의 반대로만 하려는 여당이 어디에 있습니까?

공희준 여당이 야당의 발목잡기를 하는 희한한 풍경이었습니다.

임세은 교육 개혁을 하겠다며 수능시험에 함부로 손댔다가 수십만 명의 대입 수험생들에게 엄청난 혼란을 주기도 했습니다. 킬러 문항을 없애겠다고 대통령이 직접 나섰다가 되레 사교육 시장만 키웠습니다. 이 와중에 교육과정평가원장만 애꿎은 희생양이 되고 말았습니다.

공희준 교육은 국가백년지대계인데, 정부가 앞으로 100년 동안 욕을 먹을지 모르는 일을 한 거죠.

임세은 그러니 정부가 무슨 말을 해도 국민들이 그 말을 잘 믿지를 않아요.

공희준 이전 정부들은 우파적 개혁이든, 좌파적 개혁이든 경제 개혁을 중요한 국정 목표로 제시했습니다. 그런데 이번 정부 출범 이후로 저는 대통령이나 정부 여당 고위 인사들 입에서 '경제 개혁'

이라는 이야기가 나오는 경우를 좀처럼 보지 못했습니다.

임세은   정작 아는 사람들은 말을 하지 못하니까요.

공희준   아는 사람들이라면 누구를 말씀하시는 건가요?

임세은   관료들은 경제 개혁의 필요성과 중요성을 인지하고 있습니다. 그들이 공무원 생활을 하루 이틀 한 게 아니니까요. 저도 일 때문에 공무원들과 대화를 나누다 보면 그분들의 경험과 전문성에 깜짝깜짝 놀라곤 합니다. 문제는 대통령이 실력 있는 경제 관료들의 의견에 진지하게 귀를 기울이는 것 같지 않다는 겁니다.

공희준   괜히 입바른 소리 했다가 격노만 사지 않을까 걱정할 테니까요.

임세은   그러니 공무원들이 입을 열지 않으려고 합니다. 윤석열 정부는 '국민과 함께하는 민생토론회'라는 거창한 행사를 장소를 바꿔가며 진행했습니다. 그런데 이 행사에서 누가 제일 말을 많이 했나요?

공희준   윤석열 대통령입니다. 한 시간 회의하면 혼자 59분을 말

쓰하신다는 분이니.[46]

임세은　　　명색이 공개토론회인데 대통령에게 그 누구도 허심탄회하게 직언할 수 있는 분위기가 아닙니다. 격노하는 대통령 앞에서 무슨 봉변을 당할지 모르니까요. 대통령이 공무원들의 복지부동과 무사안일을 앞장서서 조장하는 셈입니다. 공무원들이 대통령 임기가 끝나길 바라고 있는데, 이 정부가 무슨 경제적 성과물을 창출할 수 있겠습니까?

46.　윤석열 대통령의 대선 캠프 대변인으로 활동했던 이동훈 전 조선일보 논설위원은 자신의 사회관계망서비스에서 윤 대통령이 한 시간이면 혼자 59분을 이야기한다고 꼬집었다.

이성보다 감정이 앞서는 정책 결정

공희준   윤석열 정부는 미래세대를 돌보지 않는다는 비판에 자주 직면하곤 합니다. 지금 생각해봐도 현 정부가 미래세대를 염두에 두고 중점적으로 추진한 정책이 딱히 떠오르지 않습니다.

안진걸   교육예산과 연구개발(R&D)예산은 미래세대를 위한 필수 예산입니다. 그런데 윤석열 정부는 연구개발예산을 전년 대비 무려 16%나 삭감했습니다.

공희준   국가 부도를 맞을 뻔했던 외환위기 때에도 연구개발예산은 삭감하지 않았다고 들었습니다.

안진걸   교육 개혁과 관련해서도 답보 상태가 이어지고 있습니다.

초등학교 입학연령을 만 5세로 낮추겠다고 덜컥 발표했다가 곧바로 철회하는 소동도 있었습니다.

공희준　　그 일 때문에 박순애 교육부 장관이 취임 한 달 만에 사퇴했습니다.

안진걸　　2024년 5월, 윤석열 정부의 교육부는 대학 수학능력시험 점수를 시군구 단위로 공개하겠다는 방침을 '교육 데이터 개방 및 활용 확대 방안'이라는 거창한 이름을 붙여 발표했습니다. 이게 현실화하면 어떤 부작용이 초래될지 불을 보든 환합니다. 지역별로 서열화를 조장해 지방소멸을 촉진할 게 뻔합니다.

공희준　　사교육이 발달한 동네와 그렇지 않은 동네의 땅값 격차가 더 벌어지겠군요.

안진걸　　도대체 무슨 생각과 배짱으로 득보다 실이 더 클 정책을 내놓는지 모르겠습니다.

공희준　　정부가 사교육 업자도 아니고, 전국의 모든 지역을 점수로 줄 세우겠다는 발상을 하다니 황당하기 짝이 없습니다.

안진걸　윤석열 정부는 교육 양극화를 조장하는 일만으로 성에 차지 않는지 경제 양극화의 심화에도 거침이 없습니다. 경제 양극화를 저지하는 보루 중 하나라 할 수 있는 노동조합을 탄압하는 데 열중하는 모습이기 때문입니다. 정부는 건설노조를 '건폭'으로 몰아붙였습니다. 윤석열 정부의 이 같은 노조 분쇄 책동에 항의해 2023년 노동절에는 양회동 열사가 자기 몸에 불을 붙이는 안타까운 일도 있었습니다.

공희준　너무나 안타까운 일이었습니다.

안진걸　노동시간을 늘리는 건 노동 개혁이 아니라 개악입니다. 노동 개혁의 선두주자를 자임해온 프랑스는 이미 주 4일제 근무의 본격적 시행에 들어갔습니다. 일부 대기업 노조들이 누려온 기득권은 당연히 개혁되어야 합니다. 그러나 대다수 노동자는 기득권층이 아닙니다.

공희준　출산율을 보면 한국은 미래가 없는 나라입니다.

안진걸　양극화를 극복하지 않으면 인구소멸을 우려해야 할 만큼 낮아지기만 하는 출생률을 반등시킬 방법이 없습니다. 고금리와 고물가 때문에 당장 허리가 휘어질 지경인데, 누가 아이를 낳으려 하겠습니까? 윤석열 대통령은 부총리급 장관이 이끄는 가칭 '저출생 대응기획부'를 신설하겠다는 구상을 밝혔습니다. 그러나 부처 신설보다 더 시급한 일이 있습니다. 육아수당을 인상하고 지역화폐 발행 액수를 늘려 지역경제를 활성화하는 정책입니다.

전라남도 강진군을 예로 들어보겠습니다. 강진군은 부모의 소득이나 직업과 관계없이 0세부터 7세까지의 아동이 있는 가정에 매달 60만 원의 육아수당을 지급하고 있습니다. 이 덕분에 2024년 1월부터 3월까지 전년 같은 기간보다 출생율이 79.3%나 높아졌습니다. 강진군이 어떤 형식으로 아동 수당을 지급하느냐? 지역화폐로만 지급하고 있습니다. 지역경제도 살리고 출생률도 높이는 두 마리 토끼를 모두 잡았습니다.

이같이 구체적으로 눈에 보이는 성공 사례가 있는데도 윤석열 정부는 지역화폐를 없애는 데 골몰하는 것 같은 모습입니다. 지역화폐가 민주당의 정책이라는, 이재명의 대표 브랜드로 보인다는 이유로 적대시하는 게 아닌가 싶습니다.

공희준 목욕물이 밉다고 욕조 속 아이까지 버리려는 격이네요.

안진걸 국정을 감정적으로 운영해서는 안 됩니다. 임세은 대변인님께서 지적하신 대로 윤석열 정부는 이재명 전 대표가 연금 개혁에 막상 협조하니까 그걸 거부했습니다. 노동 개혁은 노조 괴롭

히기로 변질했습니다. 교육 개혁은 논란과 파행의 연속이었습니다. 연구개발 예산을 깎으면서까지 부자 감세를 밀어붙이고 있습니다. 잘못된 국정 운영의 피해는 고스란히 서민과 중산층에게, 아이들과 청년들에게, 과학자와 연구자들에게 가해지고 있습니다. 떼부자(Super Rich)들을 행복하게 해주기 위해 너무나 많은 평범한 사람들이 희생을 강요당하고 있습니다. 대한민국의 미래가 속절없이 파괴되고 있습니다.

공희준　　윤석열 정부가 경제와 관련해 대표적 치적으로 내세우는 세 가지가 있습니다. 첫 번째는 미국과의 경제적 유대가 더 공고해졌다는 것입니다. 두 번째는 원자력 산업 생태계가 복원됐다는 것입니다. 세 번째는 의료산업 발전을 위해 의과대학 입학정원 증원 정책을 중심으로 의료 개혁에 착수했다는 것입니다.

안진걸　　한국과 미국이 경제 협력을 강화했다면 그 과실과 혜택이 양국 모두에 골고루 돌아가야 합니다. 하지만 현실은 한국의 국부를 미국에 퍼주는 것이었습니다. 경제적 실익의 관점에서 미국이 한국의 주한미군 방위비 분담금을 줄여주기를 했습니까? 미국 기업들의 한국 투자액이 늘어났습니까? 오히려 굴지의 한국 기업들이 큰 선심 쓰듯 미국에 공장을 지어주고 현지의 일자리를 창출해줬습니다. 오죽하면 바이든 미국 대통령이 삼성전자와 현대자동차를 향해 공개적으로 감사 표시까지 했겠습니까?

공희준　한국 기업들이 떡볶이는 한국 대통령과 먹으면서 일감은 미국에 몰아줬네요.

안진걸　대한민국 대통령 입에서 삼성과 현대를 향해 감사하다는 말이 나와야 정상입니다. 지금처럼 한국은 얻는 게 없고 미국만 이익을 챙기는 한미 경제협력이 우리 경제에 과연 장기적으로 도움이 될지 의구심이 듭니다.

한미동맹에 관해 말씀을 드리자면, 보수언론의 편향되고 왜곡된 보도와 달리 문재인 정부 당시에 한국과 미국과의 관계가 지금보다 좋았으면 좋았지 나쁘지는 않았습니다. 한미동맹은 동북아의 평화와 지구촌 번영에 도움이 되는 동맹이 되어야 합니다. 한미동맹이 한반도 긴장을 고조시키고 인류의 안녕에 역행하는 동맹이 된다면 그게 바람직한 동맹일까요?

윤석열 정부의 주장처럼 한미관계가 역대 최고로 좋다면 대표적인 친한파 학자인 수미 테리 박사가 왜 갑자기 미국 연방 검찰에 체포가 됐겠습니까? 역대 최고의 한미동맹이었다면 그와 같은 불미스러운 사태가 발생하지 않도록 사전에 한국과 미국의 관계 당국이 긴밀이 공조했어야지요.

공희준　　수미 테리 박사를 스파이로 몰아간 일은, 미국이 작심하고 한국 정부 길들이기에 나선 일이 아닌가 싶습니다.

안진걸　　역대 최고의 한미 관계인데, 미국이 왜 우리 대통령실을 도청합니까? 같은 동맹국끼리 말이죠. 앞에서는 추켜세우면서도 기회만 있으면 한국의 뒤통수를 치는 게 윤석열 정부 출범 이후 미국이 우리에게 보여준 모습이었습니다. 한국이 미국을 일방적으로 짝사랑하는 것 같은 모습이 왜 자꾸만 보이느냐, 미국이 한국을 한미일 동맹의 가장 하위 파트너, 즉 제일 말단 구성원으로 여기는 데 있다고 생각합니다.

　한국이 미국은 고사하고 일본에도 호구를 잡히니 어떤 일이 벌어졌습니까? 일본이 한국을 침탈했던 과거사를 공공연히 부정하고 있습니다.[47] 독도를 자기네 땅이라고 대놓고 우기고 있습니다. 후쿠시마 핵 오염수를 바다로 대량 방류하는데도, 한국 정부는 거의 수수방관하다시피 했습니다.

공희준　　방관했다기보다는 사실상 찬성하는 쪽이었다고 생각합니다. 후쿠시마에서 방류된 오염수가 안전하다며 대한민국 정부 예

47.　일본 니가타 현의 사도 광산이 유네스코 세계문화유산으로 등재되는 과정에서 일제강점기에 한국인 노동자들이 그곳에 강제동원됐다는 사실이 제대로 표기되지 않은 것과 관련해 한국 정부와 일본 정부의 사전 합의가 있었다는 의혹이 강하게 제기되고 있다.

산으로 홍보까지 했으니까요. 한국 정부가 일본 정부의 홍보대행사를 자임했어요. 그것도 무료로 말이죠.

안진걸　의대 입학정원 증원 문제도 그렇습니다. 이제 이 문제는 치적이 아니라 윤석열 정부 최악의 패착으로 바뀌고 있습니다. 일선 의료 현장은 붕괴 일보 직전입니다. 아픈 환자들도, 치료하는 의사들도 심각하게 불편과 고통을 겪는 중입니다. 전국의 수많은 의대 재학생들이 유급도 불사하겠다며 수업을 거부했습니다. 의사 국가고시에도 응시하지 않았습니다.[48] 의료 공백 사태가 앞으로 얼마나 더 장기화할지 예측 불능의 상황입니다.

제가 엊그제 두 분의 의사 선생님들을 만나 현황을 여쭤봤더니, 그야말로 아노미 상태라고 걱정하더군요. 그런데도 관계 당국에서는 책임지고 사태 해결에 나서겠다는 사람을 찾아보기 힘듭니다. 세월아 네월아 대책 없이 시간만 보내는 형국입니다. 학생들은 동맹휴업에 돌입했고, 전공의들은 장외로 뛰쳐나갔습니다. 만약 대규모 유급 사태가 발생한 상태에서 늘어난 의대 신입생만 새로 받으게 된다면 어떤 아비규환이 벌어질지, 생각만 해도 목덜미가 뻣뻣해지는 느낌입니다.

48.　대한의과대학·의학전문대학원학생협회(의대협)이 2024년 7월 29일 발표한 성명문에 따르면 내년도 의사 국가시험에 본과 4학년 의대생의 96%가 응시 원서를 접수하지 않은 것으로 나타났다.

공희준　　대규모 유급이 발생하면 신입생을 뽑지 않는 게 정상입니다. 1996년의 한의대생 집단 유급 사태가 그런 경우입니다. 의료 대란 이야기는 여기서 그만해야 할 것 같습니다. 멀쩡하던 몸도 갑자기 아파질 것 같아서요. 윤석열 정부와 보수언론이 입을 맞춰 극찬하는 원전 생태계 복원은 어떻게 평가할 수 있을까요?

안진걸　　문재인 정부의 목표는 탈원전이 아니었습니다. 감원전, 즉 원자력 발전에 대한 의존도를 감소시키자는 것이었습니다. 감원전을 불필요하게 탈원전이라고 강하게 표현하는 바람에 국민 사이에 오해와 혼선이 생겼습니다.

공희준　　아 다르고, 어 다른데 말이죠.

안진걸　　처음부터 '에너지 전환'이라고 명명했으면 논란의 상당 부분을 잠재울 수 있었습니다. 핵심은 신재생 에너지 비중의 증대입니다. 에너지 전환은 우리 시대의 보편적 흐름입니다. 바람직한 지향점이기도 하고요. 문재인 정부는 중장기적으로 에너지 전환이라는 견지에서 원전의 무리한 수명 연장을 꾀하지 않았습니다. 그걸 원전 생태계를 파괴한다고 보수언론이 매도하고 맹비난했습니다. 윤석열 정부는 백운규 전 산업자원부 장관을 비롯한 문재인 정부의 관료들을 대상으로 감사원 감사뿐만 아니라 대대적인 검찰 수사까지 했습니다.

최근 윤석열 정부는 체코 공화국에서 24조 원대 규모의 원자력 발전소 건설을 수주했다고 발표했습니다. 그런데 시작 단계부터 차질이 발생했습니다. 체코 현지의 언론 보도에 따르면 미국 플랜트 기업인 웨스팅하우스가 제동을 걸고 나섰다고 합니다. 한국수력원자력이 체코 두코바니에 원전을 지으려면 자기네 회사의 기술 사용에 대해 허가를 받아야 한다면서요.

공희준　원천기술이 웨스팅하우스에 있는 모양이군요.

안진걸　그렇다고 합니다. 웨스팅하우스는 한수원이 미국의 원자력 수출 규제를 따르지 않고 있다는 주장까지 하고 있습니다. 윤석열 정부가 제시한 장밋빛 전망이 현실로 이루어질 수 있을지 신중하게 추이를 지켜봐야 한다는 뜻입니다.

공희준　우리 정부가 샴페인을 너무 일찍 터뜨렸을 수 있겠네요.

안진걸　어쩌면 과대포장일 수도 있는 성과를 내세우며 원전 생태계 복원을 완료했다고 자화자찬을 늘어놓으니, 정부 발표에 신뢰가 가지 않습니다. 원천기술을 가진 미국이 동의하지 않으면 어떻게 대처할 것인지, 그 대안도 내놓지 않고 있습니다.

공희준　　미국이 기술 사용을 허가한다고 한들, 자칫 재주는 곰이 부리고 돈은 왕서방이 버는 그림이 나올 수도 있겠습니다.

안진걸　　저도 그게 걱정입니다.

공희준　　제가 윤 정부가 과시하는 네 번째 치적을 깜빡할 뻔했습니다. 이 정부는 K-방산을 대표적인 집권 성과물로 홍보하고 있습니다.

안진걸　　K-방산은 자주국방 정책이 가져온 성과물입니다. 자주국방 정책을 가장 강력하게 추진했던 정부는 김대중, 노무현, 문재인 등 민주당에 뿌리를 둔 정부였습니다. 일례로 한국항공우주연구원에 대한 예산 지원도 민주 정부에서 급격히 늘어났습니다.

공희준　　대한민국이 개발해 양산에 들어갈 예정인 4.5세대 초음속 전투기 KF-21 보라매는 김대중 전 대통령이 2001년 3월에 국산 전투기를 만들겠다고 선언한 이후부터 본격적인 사업이 시작되었다고 합니다.

안진걸　　윤석열 정부는 지난 정부들이 씨를 뿌리고 열심히 일군 밭에서 수확했을 뿐입니다. 그걸 모두 현 정부의 공적인 것처럼 생색을 내서는 안 됩니다.

그런 한편으로 좋지 않은 일만 생기만 습관적으로 과거 정부 탓을 합니다. 잼버리 파행 운영과 엑스포 유치 불발이 대표적입니다. 자기들이 일을 망쳐놓고 왜 남 탓을 합니까? 반대로, 지난 정부들이 쌓아놓은 성과에 기초해 이뤄낸 일들은 윤 대통령의 영도력 덕분이라고 칭송합니다.

공희준   윤석열 대통령인지, 북한처럼 윤석열 국무위원장인지 헷갈릴 지경이네요.

안진걸   후보 시절에 입만 열면 강조하던 공정과 상식의 가치는 온데간데없고, 정치와 경제, 남북관계 모두에서 총체적 역주행을 하고 있으니, 국민들이 현 정권을 지지해줄 수 있겠습니까? 그런데도 언론만 장악하면 된다고 생각하는 것인지, 여러 논란이 있는 이진숙 전 대전 MBC 사장의 방송통신위원장 임명을 밀어붙였습니다.[49] 이진숙 씨는 청문회 과정에서 법인 카드 사용과 관련한 석연치 않은 해명을 잇달아 내놓으며 윤석열 정권의 신뢰도를 한층 더 추락

---

49.   윤석열 대통령은 이진숙 후보자를 2024년 7월 31일 신임 방송통신위원장에 공식 임명했다. 이진숙 위원장은 방통위원장 취임 이틀 만인 2024년 8월 2일 국회 본회의에서 재석 의원 188명 중 찬성 186명, 반대 1명, 무효 1명으로 탄핵소추안이 의결되어 직무가 정지되었다.

시켰습니다.

문재인 정부는 적폐 청산의 기치를 내걸고 닻을 올렸습니다. 그런 문재인 정부조차 종종 이명박, 박근혜 정부 때부터 진행해온 정책이 열매를 맺었다며 전임 정부의 공적과 기여를 흔쾌히 인정하곤 했습니다. 공을 독식하고 과는 떠넘기는 무책임한 짓을 남발하지 않았습니다. 중요한 국가 정책은 정부가 바뀌어도 연속성을 유지해야 합니다. 그러나 윤석열 정부는 청산과 단절을 너무 쉽게 생각하는 것 같습니다.

공희준　　윤석열 정부는 역대 보수 정부들의 선례를 좇아 강력한 규제 완화 드라이브에 나섰습니다. 정부여당은 야당의 조직적 방해 때문에 국정 운영에 애로가 많다고 푸념하는 한편, 규제를 많이 풀었다고 자랑하고 있습니다.

안진걸　　개인정보 보호 관련 사항이나 국민의 생명과 안전에 직결된 분야는 규제가 많이 풀린 것으로 보입니다. 환경보호 관련 규제도 상당히 완화됐습니다. 이들 분야에는 특징이 있습니다. 미래 세대의 복지와 국가의 장기적 지속가능성 차원에서 규제를 섣불리 거둬들여서는 안 된다는 점입니다. 오히려 규제를 강화해야 맞습니다. 그나마 다행인 건, 지지율이 낮아지고 국정 동력이 떨어지면서, 일선 행정 현장에서 정부가 원하는 만큼의 속도와 범위로 진척되지 않고 있다는 점입니다. 불행 중 다행이라고 하겠습니다. 국정 운영이 순조롭지 않은 게 오히려 나라와 국민을 위해 도움이 되는 이례적 경우입니다.

공희준 결과적으로 좋기는 한데, 어쩐지 찜찜하네요. 축구 국가 대표팀이 자력이 아닌 경우의 수로 월드컵 본선에 진출한 것 같아서요.

안진걸 윤석열 정부에서는 국토교통부가 환경부를 접수한 것 같은 분위기가 느껴집니다. 환경부가 국토부의 전위대가 되어 정비를 명목으로 그린벨트 파괴에 동참하고 있습니다. 그런 일이 왜 벌어졌을까요? 대통령의 국정 운영 철학이 근본적으로 잘못됐기 때문입니다. 윤석열 대통령은 취임 초기인 2022년 6월 22일 경남 창원의 원전 관련 업체를 방문해 "안전을 중시하는 관료적 사고를 버려야 한다"라는 망언을 태연히 했습니다.

공희준 믿을 수 없을 정도의 무개념 발언입니다.

안진걸 대통령이 그렇게 개념이 없으니 개발 담당 부서인 국토교통부에서 잔뼈가 굵은 공무원들을 환경부 고위 관료로 앉히는 터무니없는 인사 정책을 밀어붙일 수 있었습니다.[50]

공희준　　국토부 관료에게 환경부 정책을 맡기는 일은 고양이에게 생선가게를 맡기는 것과 똑같은데…. 환경부가 졸지에 국토교통부 2중대가 되어버렸네요.

안진걸　　그런 셈이죠. 환경과 안전을 생각한다면 윤석열 정부가 일찌감치 레임덕 상태에 빠진 게 천만다행이 아닐 수 없습니다.

50.　환경부는 2023년 8월 28일자로 환경부 본부 1급 실장 3자리 중 2자리에 국토교통부 출신을 임명하는 인사를 단행했다.

점점 다가오는 분노의 임계점

공희준 나쁜 짓 하는 데 쓸 게 뻔한 권력이라면, 여기저기 누수가 생기는 게 차라리 낫다고 봅니다. 하지만 이런 상황인데도 윤석열 정부를 조기에 끝낼 강력한 한방은 여전히 없는 것으로 보입니다. 확실한 유효타 없이 탄핵을 계속 요구하면, 오히려 상대의 맷집과 내성만 키워주는 일이 되지 않을까요?

안진걸 저는 상황을 조금 다르게 봅니다. 해병대 채 상병 순직 사건은 범상한 사건이 아닙니다. 대통령의 격노가 무고한 박정훈 대령을 죄인으로 만들었을 가능성이 큽니다.[51] 그로 인해 사건의 실체

---

51. 2024년 8월 12일 법조계에 따르면 해병대 채 모 상병 순직 사건 외압 의혹을 수사하는 고위공직자범죄수사처가 윤석열 대통령의 개인 휴대전화 통신 내역을 확보한 것으로 알려졌다. 통화 내역 분석 결과에 따라 'VIP 격노설'과 관련한 해병대 관계자들의 진술과

적 진실이 오리무중에 빠지게 되었다면, 이는 노골적인 수사 방해, 곧 사법 방해 행위라고 다수의 헌법학자와 법률 전문가들이 말하고 있습니다. 이는 명백한 탄핵 사유에 해당합니다.[52]

김건희 특검법도 마찬가지입니다. 주가조작은 윤 대통령 집권 전에 벌어진 일이지만, 수사 방해는 대통령 취임 이후에도 계속 이뤄져 왔다고 생각합니다. 혹여 서울-양평 고속도로 노선변경이 대통령 인수위원회 때부터 암암리에 추진된 것으로 밝혀지면, 이 또한 수사 방해 행위처럼 탄핵 사유에 해당합니다. 조금 전 말씀하신 것과 같은 결정적 한 방이 왜 나오지 않았을까요? 박근혜 전 대통령 탄핵 당시와는 달리, 지금은 제대로 된 국정조사와 정상적인 특검 수사가 진행되지 못하고 있기 때문입니다.

공희준 죄가 없는 게 아니라 죄를 밝히지 못하게 방해를 하기 때문이라는 말씀이신가요?

안진걸 맞습니다. 박영수 특검이 꾸려지면서 박근혜 전 대통령의

녹취를 확보한 이후, 답보상태에 있던 공수처 수사가 새로운 돌파구를 찾을 가능성이 있다는 전망이 법조계에서는 나온다. (연합뉴스 권희원 기자 보도)

52. 공화당 소속의 리처드 닉슨 전 대통령 탄핵안이 1974년 7월 27일 하원 법사위원회에서 의결된 것도, 민주당원인 클린턴 전 대통령 탄액안이 1998년 12월 19일 하원에서 통과된 것도 모두 사법 방해(Obstruction of Justice) 행위 때문이었다. (2024년 5월 4일자 국민일보 고승욱 논설위원 〈한마당〉 칼럼)

탄핵이 본궤도에 진입했습니다. 지금은 특검은커녕 국정조사마저 여당의 공공연한 사보타주로 방해를 받고 있습니다. 그렇지만 저희는 특검과 국정조사만 믿고 윤석열 대통령 퇴진 운동에 나선 게 아닙니다. 지금까지 밝혀진 사실만으로도 헌법재판소가 탄핵을 인용할 것이라는 확신이 있었기 때문에 무더위를 각오하고 분연히 거리로 나왔습니다.

2016년 가을부터 2017년 초봄까지 상황을 잠시 떠올려보겠습니다. 특검이 박근혜 전 대통령과 최순실 씨 등이 연루된 국정농단 사건의 진상을 모두 밝혀내기 전이었지만, 박 전 대통령은 2017년 3월 10일 오전에 헌법재판소에 의해 대통령직 파면이 선고됐습니다. 저는 이정미 당시 헌법재판소장 권한대행이 파면 선고 주문을 읽는 장면을 생생히 기억합니다.

이정미 권한대행이 읽은 판결문의 요점은 세 가지입니다. 첫째로 최순실의 국정 농단이 있었고, 둘째로 박근혜가 이를 방조했으며, 셋째로 박근혜가 최순실에게 불법적 특혜를 베풀었다는 것이었습니다. 그래서 저는 그때의 판결문이 이번 대담집에 중요한 역사적 참고 자료로 꼭 실렸으면 좋겠습니다. (책 뒤 부록에 수록) 판결문을 찬찬히 숙독하면 윤 대통령을 탄핵하는 데 필요한 결정적 한 방이 부족하다는 생각이 얼마나 잘못된 것인지 단번에 확인할 수 있기 때문입니다.

많은 분께서 박영수 특검팀의 수사 내용이 박근혜 파면 판결에 모두 반영되었다고 생각하실 수 있습니다. 하지만 헌재에서 선고가 이뤄질 무렵에도 특검 수사는 여전히 진행형이었습니다. 관련 재판들도 끝나지 않은 상태였습니다. 그때까지 명확하게 밝혀진 사실은 최순실이 주도하는 비선 라인의 국정농단이 있었고, 박근혜가 비선 실세들의 국정농단 행위를 방치했다는 부분 정도였습니다.

최순실과 비교하면, 김건희 여사의 국정개입 혐의 역시 만만치 않습니다. 윤석열 대통령이 이런 내용을 알고도 묵인했다는 정황이 다양한 경로를 통해 드러나고 있습니다. 김 여사가 대표 자격으로 운영하던 회사인 코바나컨텐츠 관련 인사들이 비선 라인 노릇을 했다는 제보와 증언도 하나둘 튀어나오고 있습니다. 추가적 폭로와 언론 취재가 더해지면 이러한 의혹들이 확실하고 구체적인 증거 역할을 하게 될 것으로 보입니다.

박근혜 탄핵의 결정적 한 방은 강남구 신사동에 소재한 한 의상실에서 옷을 고르는 최순실 씨에게 이영선 당시 청와대 행정관이 휴대전화를 닦아서 전해주는 모습이 담긴 CCTV 동영상이었습니다. 김건희 여사를 검찰이 출장 조사를, 황제 조사를 한 일이 지금 국민에게 문제의 의상실 장면 같은 기시감을 불어넣고 있습니다. 차이가 있다면 녹화한 영상이 존재하느냐 존재하지 않느냐, 그리고 존재한다면 공개됐느냐 공개되지 않았느냐일 뿐입니다. 박근혜 대통령 탄핵 선고문 내용과 견주었을 때, 윤 대통령과 김 여사의 행동 역시 대수롭지 않게 봐넘길 행위가 아닙니다.

공희준 민심의 반응이 관건이 될 듯합니다.

안진걸 분노한 대중이 거리로 뛰쳐나오면 정권에 커다란 압박으로 작용합니다. 아직은 국민들이 주로 온라인 공간에서 분노를 표출하고 있어요. 박근혜 탄핵의 결과물로 출범한 문재인 정부가 국민들의 기대에 미치지 못한 점, 하루하루 먹고살기가 너무 힘들다는 점이 국민들을 거리가 아닌 온라인 공간에 머물게 하고 있다고 생각합니다.

공희준 하루 벌어 하루 먹고사는 사람이 정치적 의사 표현을 위해 거리로 나가는 일은 쉽고 간단하게 결정할 수 있는 일이 아닙니다.

안진걸 2016년에는 주말 아르바이트를 쉬면서까지 촛불 시위에 참여한 분들이 많았습니다. 지금은 그렇지를 못해요. 통계청이 2024년 5월 23일 발표한 '가계동향조사'에 따르면 물가상승률을 감안한 실질 임금소득이 관련 통계를 작성한 2006년 이후로 18년 만에 최대 감소 폭을 기록했습니다. 반면, 2023년 말 통계청에서 발표한 '2023년 가계금융복지조사'에 따르면 가구당 부채가 9,186만 원으로, 1억 원에 육박하는 수준이었습니다.

공희준 소득도 줄고, 자산도 줄고. 현실이 너무 우울합니다. 거기에 부채까지 늘면 인생이 얼마나 피폐해지는지 제가 직접 겪어봐서 잘 압니다.

안진걸   부채가 커지니 이자도 늘었습니다. 통계청이 2024년 3월 4일 발표한 자료에 의하면, 지난해 2인 이상 가구가 부담해야 하는 월 이자 비용이 13만 원이었습니다. 전년 대비 월 3만1천 원 증가한 금액입니다. 제가 방금 소개한 부채와 이자는 단지 평균치일 뿐입니다. 따라서 평균 이상의 부채를 지고, 평균 이상의 금리를 부담해야 하는 가계의 고통은 생각만 해도 숨이 막힐 지경입니다. 더 심각한 것은 대출 중에서도 주택을 담보로 대출을 받은 경우입니다. 이런 사람들은 월 13만 원이 아니라 50만 원 안팎의 무거운 이자를 다달이 부담해야 하는 형편인 것으로 나타나고 있습니다. 금융 비용이 증가하면 사람들은 허리띠를 졸라맵니다. 외출을 자제하고 소비를 축소합니다. 그러면 내수 경기가 극심하게 위축될 수밖에 없습니다. 탄핵 집회 역시 그 결과로 인해 침체된 측면이 있습니다.

공희준   불경기에는 외출과 소비를 줄인다고 말씀하셨는데, 과도한 부채에 따른 경제적 부담과 심리적 압박감이 한층 더 악화하면 끼니를 줄이기도 합니다.

안진걸   '무지출 챌린지'라고 해서 청년층을 중심으로 극단적으로 지출을 줄이는 삶을 추구하는 세태가 나타났는데, 이는 결코 웃을 일이 아닙니다.

공희준　과도한 다이어트는 음식을 먹지 못하는 거식증을 유발하기도 하는데, 그와 같은 무지출 챌린지가 생존에 필요한 기본적 소비마저도 하지 못하도록 막는 경제적 거식증으로 이어지지 않을지 걱정됩니다.

안진걸　급기야 내핍과 절약을 서로 격려하고 유도하는 집단 채팅방인 '거지방'까지 등장했습니다.

공희준　"미래는 우리 곁에 이미 와 있다"라는 명언이 있습니다. 미국 출신의 SF 소설가 윌리엄 깁슨이 한 이야기입니다. 깁슨의 명제를 살짝 번안하자면 탄핵에 필요한 '결정적 한 방'은 이미 우리 곁에 존재한다는 뜻이겠군요.

안진걸　예, 그렇습니다. 정치적 보수층이나 개인적으로 조심스러운 성격을 가진 사람들은 '아직 결정적 한 방은 없다'라고 생각할 수 있습니다. 그러나 집권 전에 발생한 사건이더라도 집권 후에 정당한 수사의 진행을 방해했다면 거의 무조건 탄핵 사유에 해당합니다. 더욱이 김건희 주가 조작 의혹을 제외한 다른 모든 사건들, 즉

이태원 참사, 채 상병 순직 사건, 서울-양평 고속도로 노선 졸속 변경, 디올 명품백 수수. 전부 취임 후에 일어난 일들입니다. 이들 가운데 진상이 제대로 명확하게 밝혀진 건 아직 하나도 없습니다.

공희준　결정적 한 방은 이미 나왔을 수 있습니다. 그런데 결정적한 방이 있어도 탄핵이 이뤄지지 않는 건 탄핵의 진짜 주역이어야할 일반 국민이 여전히 미온적이기 때문이라고 볼 수도 있습니다. 국민들은 윤석열 대통령이 탄핵된다고 해봐야 자신들의 실질적 삶이 나아진다는 보장이 없다고 생각하거든요. 탄핵이 정치적으로 짜릿하고 쾌감이 큰 사건이긴 합니다. 그러나 그게 곧바로 국민의 삶의 질을 높일 수 있을지는 미지수로 여겨지는 분위기입니다.

임세은　박근혜 탄핵 당시 거리와 광장을 가득 채운 시민들은 "이게 나라냐?"라고 외쳤습니다. 국민들의 외침을 받들어 문재인 정부는 나라다운 나라를 만들겠다는 목표를 가지고 출범했습니다. 취임초기 80%가 넘는 국정 지지율에서 증명되었듯 문재인 정부는 민심의 커다란 지지와 뜨거운 응원을 받았습니다. 여기에는 사상 최초북미 정상회담으로 상징되는 한반도의 평화와 화해 분위기도 크게일조했습니다. 그러나 문재인 정부는 임기 중반에 이르러 두 가지커다란 암초에 부딪혔습니다. 첫째는 코로나 19 바이러스였고, 둘째는 부동산 가격 불안이었습니다.

공희준　코로나 바이러스의 경우, 처음에는 방역에 성공하면서 정부에 긍정적 여론이 조성되었지만, 엄격한 통제가 길어지며 부정적 여론이 높아졌습니다. 부동산은 처음부터 끝까지 문제인 정부와 민주당을 힘들게 했고요.

임세은　문재인 정부의 인기가 시들해지면서 탄핵이 가져오는 효능감이 줄어든 것은 사실입니다. 국민들도 탄핵으로 모든 것이 옳게 바뀌지는 않는다는 걸 아셨을 테고요. 하지만 그런 이유가 윤석열 정부를 탄핵하지 말아야 하는 명분과 구실까지는 되지 못한다고 생각합니다.

물론, 윤석열 대통령이 탄핵된다고 해서 모든 비정규직 노동자가 즉시 정규직으로 전환되지는 않습니다. 중소기업들이 당장 대기업으로 성장하지도 않습니다. 아이들 사교육이 필요 없는 세상이 갑자기 도래하지도 않습니다. 안 되는 건 안 되는 거라고 국민들께 솔직히 말씀드려야죠. 하지만 탄핵으로 한 가지만은 확실하게 바꿀 수 있습니다. 비정상이 정상으로 언죽번죽 행세하는 왜곡된 세태에 마침표를 찍을 수 있다는 것입니다. 지금은 비정상이 정상으로 행세하는 일이 극소수 권력층에 국한되어 있지만, 이게 구조화되고 장기화하면 평범한 서민과 중산층의 삶에서도 비정상이 정상으로 행세하게 됩니다.

공희준　　아랫물까지 모두 썩게 만들기 전에 썩은 윗물을 빨리 배수하자는 말씀이네요.

임세은　　권력자들이 정상과 비정상의 경계를 분별없이 허물면, 그 부정적 영향이 선량하고 평범한 사람들의 삶에까지 미치게 됩니다. 온 나라가 불법을 불법으로 생각하지 않고, 범죄를 범죄로 여기지 않으면 그게 바로 망국의 길입니다. 나라가 망하는 지름길이에요. 다른 사람도 아닌 대통령 부부가 법과 상식을 앞장서서 짓밟고 무너뜨리는데, 나라 전체가 어떻게 골병이 들지 않을 수 있을까요.

　　경제에만 낙수 효과가 있는 게 아닙니다. 거짓과 몰상식에도 낙수 효과가 있습니다. 대통령이 자기가 잘못한 일을 은근슬쩍 뭉개고 있으니, 용산 대통령실의 선임행정관이 다른 곳도 아닌 대통령 관저가 위치한 한남동에서 면허취소 수준의 음주운전을 해놓고도 은근슬쩍 한 달 동안 대통령실로 태연하게 출근을 했습니다.

공희준　　윤 대통령이 총애하는 것으로 알려진 사람이라고 합니다. 최고 권력자의 과도한 애정이 문제의 행정관을 안하무인으로 만들었을지 모르겠습니다.[53]

53.　문제가 된 용산 대통령실의 K 모 행정관은 국민의힘 당 대표 경선 국면에서는 원희룡 후보가 한동훈 후보의 사퇴를 촉구한 글에 '좋아요'를 눌러 공무원의 정치적 중립 의무를 위반했다는 논란을 빚기도 했다.

임세은　대통령실 경호처 직원은 지하철에서 여성을 성추행하다가 발각되기도 했습니다. 바이러스 퍼지듯 기강 붕괴가 확산하고 있는 증거입니다. 저도 청와대에서 근무해봤는데, 비행을 저지른 직원에 대한 징계가 지금처럼 늑장으로 이뤄진 기억은 없습니다. 기강 붕괴와 도덕적 일탈이 통제 불가능한 수준으로 치닫기 전에 막아야 합니다. 공직사회의 기강이 무너졌는데, 어떻게 국민의 삶이 나아지겠어요.

특권과 공정, 반칙과 상식은 양립할 수 없습니다. 기본적인 준법의식조차 없는 사람들이 무슨 수로 민생경제를 살리고, 튼튼한 국가안보 체제를 구축할 수 있겠습니까? 공직사회는 대통령의 실력과 품성을 반사하는 거울 같은 구실을 합니다. 대통령이 일그러진 얼굴로 거울 앞에 서면, 공직사회도 일그러진 상이 될 수밖에 없습니다. 지금은 일그러진 것도 모자라 거울에 금이 쫙쫙 가고 있습니다.

공희준　국민의 삶을 파괴할 수 있는 무서운 균열일 수 있겠다는 생각이 듭니다. 임세은 대변인님께서 문재인 정부와 윤석열 정부의 대통령실을 비교해주신 김에 전임 정부 이야기를 좀 더 해보도록 하겠습니다. 문재인 정부의 청와대는 운동권 집합소라는 비판을 받았습니다. 그와 달리 윤석열 정부의 대통령실은 검사들의 천국으로 불립니다. 그래도 운동권 인사들은 검사들에 견주면 양민들이라서인지 국민 눈높이에 어떻게든 맞추려고 노력했다는 생각이 듭니다.

임세은　　운동권 중에도 무능한 사람은 있습니다. 과도한 기득권을 누려온 사람도 있습니다. 그렇지만 검사들처럼 자기들만의 외딴 성채에 은둔해 살지는 않았습니다.

공희준　　시대의 보편적 추세와 동떨어진 조직이나 집단을 갈라파고스에서 독특하게 진화해온 이구아나 도마뱀에 빗대곤 하는데, 대한민국 검사들이 딱 그런 것 같습니다.

임세은　　그게 검찰 정권의 한계이고 숙명입니다. 국민의 일상적 경험을 몰라도 너무 몰라요. 피의자를 검찰청사로 불러서 추궁하듯이, 관계된 사람들을 무조건 윽박지르면 문제가 다 해결되는 것으로 이 정부의 중핵인 검사들은 단단히 착각하고 있는 듯합니다.

이제 멈추고 새 미래를 준비해야 할 때

공희준   검찰 공화국 이야기는 이쯤에서 마무리하고 윤석열 대통령 탄핵에 관한 논의로 다시 돌아가 보죠.

안진걸   저는 윤석열 대통령을 탄핵해야 한다는 생각이 70% 넘는 국민의 마음속에 확고하게 자리 잡았다고 생각합니다. 물론 이전 문재인 정부라고 해서 모든 걸 잘하지는 못했습니다. 개인적으로는 평균 수준을 조금 웃도는 정부였다고 생각합니다. 잘못한 일도 있었고, 선방한 부분도 많았습니다. 그런데 윤석열 대통령은 문재인 정부의 검찰총장이었습니다. 그렇다 보니 현 정부에 대한 실망과 분노가 전임 정부로까지 전이되는 경우도 잦습니다.

     윤석열 정부에 대한 염증과 문재인 정부에 대한 실망은 정비례 관계에 가깝다고 생각합니다. 문재인 정부가 결과적으로 정권 재창출에 실패했으니까요. 돌이켜보면, 송영길 당시 민주당 대표와 이재명 후보가 제안한 전 국민 재난지원금 추가 지급에 공개적으로 반대 입장을 표명해 무산시킨 사람도 문재인 정부의 홍남기 경제부총리였습니다.

그런 사정들이 복합적으로 맞물리며 문재인 정부의 실제 업적과 견주어 저평가되는 부분이 있다고 생각합니다. 코로나 바이러스 사태 발생 초기의 성공적 방역, 남북관계의 안정적이고 평화적인 관리, 21대 총선 압승 등 문재인 정부가 일궈낸 성과들도 많습니다. 그러나 앞서 지적하신 대로 종국에는 부동산과 코로나의 높은 벽에 가로막히고 말았습니다.

공희준 문재인 정부 후기에는 정권교체를 바라는 민심이 정권 재창출을 원하는 여론보다 평균 20% 이상 높았습니다.

안진걸 저는 부동산, 코로나 두 가지에 세 가지를 더 보태고 싶습니다. 첫 번째는 중소상공인과 영세 자영업자들이 문재인 정부에 등을 돌린 일입니다. 두 번째는 청년들이 민주당을 마음에 들어하지 않은 일입니다. 세 번째는 검찰총장 윤석열을 과감히 정리하지 못한 문재인 정부의 우유부단함에 민주개혁 시민들이 매우 분노했던 상황입니다.

첫 번째와 두 번째는 어쩔 수 없었다고 해도, 세 번째는 문 전 대통령이 결단만 했으면 적기에 충분히 해결할 수 있는 문제였습니다. 조국 전 법무부 장관으로부터 사표를 받을 때 검찰총장 윤석열을 그만두게 했어야 했습니다. 아니, 추미애 전 법무부 장관을 사실상 경질할 때 검찰총장 윤석열의 거취를 함께 정리했어도 늦지는 않았을 겁니다. 상황을 반전시킬 기회가 여러 번 있었어요. 전임 정부의 그러한 소극성과 소심함이 문재인을 탓하는 동시에 윤석열도 원망하는 민심을 만들어내는 기현상이 빚어졌습니다.

그와 같은 역사적 경험이 중첩되면서, 탄핵이라는 정치 행위에 대한 국민의 기대감이 많이 빠졌습니다. 지금 현재 윤석열 대통령 탄핵에 관한 열기가 온라인 위주로만 달궈지는 것도 그런 이유가 크다고 생각합니다. 하지만 저는 이게 꼭 나쁘다고만 생각하지 않습니다. 탄핵이 천지를 단박에 개벽시키리라는 과도한 기대를 국민이 더는 하지 않게 됐기 때문입니다.

공희준　　탄핵에도 사실주의(Realism)가 필요하다는 말씀으로 들리네요.

안진걸　　천지를 바꿔놓지는 못하겠지만, 작은 변화에도 큰 만족감을 느낄 수는 있으리라 생각합니다. 나라 전체가 역주행하고, 사회 제 분야가 나빠지기만 하던 상황이 바뀌게 될 테니까요. 하나씩 열거해 볼까요?

민주주의 파괴 책동에 마침표가 찍힙니다. 언론장악 시도에 조종이 울립니다. 권력이 국민을 겁박하는 시대가 막을 내립니다. 윤석열 대통령을 풍자하는 '윤석열차'를 그렸다는 이유로 고등학생까지 탄압하는 일이 되풀이되어선 안 됩니다.

단번의 거대한 진보는 어느 순간 다시 뒤집힐 수 있습니다. 그러나 작지만 단단한 발자국의 전진은 되돌릴 수 없습니다. 윤석열 대통령 탄핵은 작지만 단단한 발자국의 전진입니다. 윤석열 정부가 워낙 수준 이하였던 까닭에 경제학에서 말하는 기저효과(Base Effect)도 강력히 작동할 겁니다. 민주 세력의 어느 정치인이 집권하건, 상식과 기본만 지켜도 국민으로부터 큰 박수갈채를 받을 수 있을 테니까요.

탄핵은 두려운 단어일 수 있습니다. 무시무시한 용어일 수도 있습니다. 그래서 보수 언론은 윤석열 대통령이 탄핵을 당하면 온 나라가 빠져나오기 힘든 수렁에 빠질 것처럼 요란하게 호들갑을 피웁니다. 그러나 현실은 정반대입니다.

우리는 이미 두 차례나 국회에서 대통령을 탄핵하는 사태를 겪었습니다. 그러나 곧바로 일어나 혼란을 수습하고 나라를 더 탄탄하고 반듯하게 세우는 국민적 저력을 발휘했습니다. 권좌에서 하루빨리 내려와야 할 사람이 억지로 권력을 유지하도록 하는 게 나라와 국민에게 도리어 더 해로운 일입니다.

국회에서 탄핵안이 통과되어 윤석열 대통령의 직무가 정지되면,

더는 이상한 짓을 할 수 없게 됩니다. 국회에서 통과한 탄핵안이 만에 하나 헌법재판소의 문턱을 넘지 못할 수도 있습니다. 그러나 탄핵이 설령 헌재에서 기각된다 한들 국민에게 손해될 건 없습니다. 헌법재판소에서 심리가 진행되는 동안에는 윤석열 대통령 부부가 아무것도 할 수 없기 때문입니다.

공희준　　저는 문재인 정부가 대통령직 인수위원회 기간을 거치지 못한 게 두고두고 치명타가 됐다고 생각합니다. 만약 윤석열 대통령이 탄핵되면 차기 정부 역시 문재인 정부처럼 인수위 없이 출발하게 될 텐데 괜찮을까요?

임세은　　박근혜 대통령 탄핵은 돌연한 탄핵이었습니다. 준비 안된 탄핵이었어요. 이로 말미암아 급하게 대선을 치르고, 새 정부 구성 역시 서둘러 진행됐습니다. 반면, 윤석열 대통령 탄핵은 준비된 탄핵입니다. 준비된 조기 대선을 치러 준비된 새로운 정부를 구성할 수 있습니다.

공희준　　윤 대통령이 임기를 채우지 못할 수 있다는 인식과 전망은 국민의힘 안에서도 적잖이 공유되고 있을 겁니다. 단지 다들 눈치 보며 쉬쉬하고 있겠지만요.

임세은　제가 현재 활동하고 있는 '더민주전국혁신회의'에서도 윤석열 정부의 붕괴와 조기 대선을 염두에 두고 조직 차원의 수권 준비를 해나가고 있습니다. 유능하고 성공적인 네 번째 민주 정부를 탄생시키려는 움직임이 저희 조직 외에도 여러 조직에서 체계적으로 진행되고 있습니다.

공희준　준비 안 된 탄핵이 아닌 준비된 탄핵을 하겠다는 포부 같은 건가요?

임세은　민주당은 국회 제1당입니다. 집권에 필요한 만반의 준비를 항상 해야 하는 정당입니다. 대통령직 인수위원회 기간을 거치지 않았을 때 발생할 수 있는 돌발상황까지 유념하며 수권에 필요한 장기적 청사진을 그려왔습니다.

안진걸　민주당은 1998년 이후를 기준으로 15년 동안 집권 여당이었습니다. 김대중, 노무현, 문재인 세 사람의 대통령을 배출한 정당입니다. 세 번의 민주 정부를 조직하고 운영하면서 구축한 인재풀과 노하우가 만만치 않습니다. 15년의 집권 경험을 쌓으며 유능한 인재들을 적재적소에 배치하는 방법을 배우고 익혔습니다. 더욱이 인수위 기간 없이 집권하는 상황도 이미 겪어봤기에, 문재인 정부 출범 때보다도 안정되고 능숙하게 새 정부를 출범시킬 수 있으리라 생각합니다.

새 정부는 윤석열 정부가 망가뜨린 국정을 원상복구 하는 데 만족해선 안 됩니다. 우리 시대의 가장 긴급한 화두이자 절박한 과제인 경제적 불평등 해소와 사회적 양극화 해소에 지체 없이 착수해야 합니다. 불평등과 양극화 문제가 풀려야 저 출생을 극복할 수 있습니다. 초고령 사회에 선제적으로 대비할 수 있습니다. 지방소멸을 방지할 수 있습니다.

윤석열 정부는 미래를 과거에 무릎 꿇렸습니다. 이제는 무릎 꿇은 미래를 다시 일으켜 세워야 합니다. 그러자면 자라나는 세대의 교육과 과학기술 발전에 국가 예산을 아낌없이 투자해야 합니다. 나라에서 아이를 책임지고 키워준다면 젊은이들이 아이를 낳지 않을 이유가 없습니다. 지역 화폐는 내수 활성화를 위한 중요한 방책입니다. 미·중 갈등으로 수출환경이 불확실해진 지금이야말로 내수 경기 활성화에 나설 최적기입니다.

비록 상대방이었지만 저는 2012년 18대 대선 정국에서 박근혜 새누리당 후보가 경제민주화의 상징적 인물과 같았던 김종인 전 의원을 삼고초려 끝에 영입해 '돈이 도는 경제민주화'를 표방했을 때, 그 파격성과 진보성에 커다란 충격과 감동을 받았습니다. 우리 경제는 소수의 수출 대기업에 필요 이상으로 의존해왔습니다. 그 과정에서 내수 경제의 중요성과 효용성은 철저히 무시됐습니다. 서민과 중산층의 삶이 나아지려면 돈이 도는 경제민주화가 절실하게 요구됩니다.

돈이 도는 경제민주화가 제도적으로 정착되면 청년세대의 삶에 숨통이 트입니다. 중소기업과 자영업자들에게 살길이 열립니다. 문재인 정부의 소득주도성장이 그러한 취지와 목표 아래 시도됐는데, 의도했던 성과를 거두지는 못했습니다. 그때의 경험에서 교훈을 얻어 더 충실하게 준비할 필요가 있습니다. 재벌과 건물주만 잘살면 무슨 소용이겠습니까? 서민과 중산층이 잘살아야죠.

공희준　조기 대선을 치러도 국민의힘이 승산이 있다는 공감대가 보수진영 안에서 널리 확산되어야만 탄핵이 속도를 낼 수 있지 않을까요? 지금은 '탄핵은 이재명만 좋은 일 시켜주는 것'이라는 생각이 보수층 안에 광범위하게 퍼져 있습니다.

안진걸　국민의힘 사람들은 바보가 아닙니다. 윤석열 5년 임기 다 채워주고 다들 정치 그만할 건가요? 임기 5년 차에 국민의힘의 정당 지지율이 10%대까지 떨어지기를 그분들도 바라지는 않을 겁니다. 국민의힘은 이재명 대표에게 흙탕물이란 흙탕물은 모조리 끼얹어 악당으로 만드는 데 성공한 바 있습니다. 이제 윤석열 대통령과 확실하게 선을 그으면서 한동훈, 오세훈 같은 중도 성향으로 보일만 한 인사들을 다음 대선 주자로 내세우면 이재명을 상대로 승리를 노려볼만하다고 열심히 계산기를 두드리고 있을 수도 있습니다. 저는 그런 계산이 섰을지 모를 국민의힘 인사들에게 더 구차하게 시간 끌지 말고 조기 대선으로 깔끔하게 승부를 짓자고 제안하고 싶습니다.

공희준 소장님께서 제안하신 멋지고 정정당당한 결투가 여야 사이에 하루빨리 꼭 이뤄지길 바랍니다.

3

2024년,
또다시 가을

현실이 되어가는 'AGAIN 2016'

공희준　　저희가 두 차례 대담을 하고 두 달여가 흘렀습니다. 열대야가 끊이지 않는 두 달이었습니다. 그와 동시에 윤석열 정부의 일방적 폭주와 답답한 불통도 끊이지 않는 두 달이었습니다. 이제야 소슬한 가을바람이 아침저녁으로 불어오고 있습니다. 윤석열 대통령 탄핵을 촉구하는 시민들의 열기는 계절이 변해도 여전히 뜨거운지 궁금합니다.

안진걸　　윤석열 대통령 탄핵소추안의 즉각 발의를 요구하는 국회 청원에 143만 4,784명의 국민이 서명한 일이 올여름 내내 큰 화제가 됐습니다. 이 같은 민심은 추석 명절 무렵까지 별다른 변화 없이 이어졌습니다. 그 결과, 윤석열 대통령의 직무 수행에 대한 긍정평가 비율이 취임 이래 최저치인 20%(한국갤럽 2024년 9월 13일)까지 떨어졌습니다.

공희준   그로부터 2주 후인 9월 27일 공개한 직무 수행 긍정 평가는 3% 반등한 23%로 나타났는데, 사흘 뒤 리얼미터가 발표한 여론조사에서는 윤 대통령 지지율이 25.8%였습니다. 문제는 이게 리얼미터 기준으로 취임 이래 최저치였다는 점입니다.

안진걸   추석을 지나는 동안 의료대란은 의료대란대로 이어졌고, 민생경제의 어려움 역시 한층 더 가중됐기 때문이라고 생각합니다. 배춧값이 폭등했고, 시금치 등 식재료 가격도 하늘 높은 줄 모르고 치솟았습니다.[54]

2024년 9월 28일 토요일 오후, 서울 숭례문 앞을 비롯한 전국 여러 도시에서 동시다발적으로 '윤석열 정권 퇴진 시국대회'가 개최됐습니다. 2016년 가을, 박근혜 탄핵의 도화선으로 작용한 민중총궐기가 열리던 때와 견주어 대통령 지지도와 경제 상황 등이 여러모로 비슷했기 때문입니다.

9월 28일 시국대회에 얼마나 많은 사람이 모일지가 초미의 관심

---

54.   2024년 9월 30일 프랜차이즈 업계에 따르면 김을 비롯해 당근, 오이, 우엉, 단무지, 시금치, 어묵 등 재료값이 상승하면서 원가 부담을 견디지 못하고 장사를 포기하고 매물로 나온 김밥 매장이 184곳으로 집계됐다. 여기에 분식 프랜차이즈까지 더해질 경우 매물로 나온 점포의 숫자는 더 많을 것으로 추정됐다. (서울경제신문 박시진 기자 보도)

사였는데, 서울에서만 10만 명이 참석했습니다. 그날, 저도 숭례문에서 삼각지로 향하는 행진에 동참했습니다. 인파의 행렬이 가도 가도 끊이지 않았습니다. 유례없는 불볕더위 때문에 잠시 주춤했던 탄핵 집회의 기세가 다시 뜨겁게 달아오르고 있음을 현장에서 생생하게 실감할 수 있었습니다.

9월 29일에는 충북 청주에서 열린 탄핵촉구 집회에 참여했습니다. 500여 명의 적잖은 시민들께서 윤석열 대통령 퇴진에 힘을 모아주셨습니다. 10월 12일에는 충남 서산과 태안, 그리고 경북 영주에서 윤석열 대통령 퇴진 집회가 열리고, 이후로도 곳곳에서 이어질 전망입니다. 이 지역들은 시국 관련 집회가 흔하지 않은 곳들입니다. 특히 경북 영주는 보수 세가 무척 강한 곳입니다. 그런데도 윤석열 정권에 반대하는 집회가 열립니다.

전국 방방곡곡에서 대통령 직선제 개헌 투쟁을 벌였던 1987년 6월 항쟁을 방불케 하는 분위기가 조성되고 있습니다. 지역마다 인구의 많고 적음과 상관없이, 보수와 진보의 정치 성향과 무관하게 대다수 국민들이 윤석열 대통령의 탄핵을 바라고 있다는 의미라고 저는 생각합니다.

윤석열 대통령의 임기는 아직 반환점도 돌지 않았습니다. 그런데도 현 정권을 조기에 끝내야 한다는 여론이 날이 갈수록 점점 더 높아지고 있습니다. 9월 28일의 10만 집회는 머지않아 2016년 가을겨울에 거리를 가득 메웠던 100만 집회가 재연될 것을 예고하고 있습니다.

공희준　가을바람이 불면서 많은 분들이 '어게인 2016'을 예감하는 모습이군요.

안진걸　세 가지 측면에서 2024년은 2016년의 재현에 가까워지고 있습니다.

첫째, 대통령 지지율이 20% 언저리에서 고착되어 있습니다. 둘째, 그때의 여당처럼 지금의 여당도 극심한 분열상을 노출하고 있습니다. 그때는 친 박근혜파와 비 박근혜파로 나뉘었는데, 지금은 친 윤석열계와 친 한동훈계로 갈라졌습니다. 대통령과 집권당 대표의 독대조차 여의치 않은 황당한 풍경이 되풀이되고 있습니다. 셋째, 비선세력의 국정농단이 논란을 일으키는 상황도 판박이처럼 똑같습니다.

이런 점들을 종합해보면, 지금은 탄핵 전야라 해도 과장이 아닙니다. 관건은 오프라인에서 국민들이 얼마나 모일 것이냐 하는 점입니다. 2024년은 2016년보다 시민들의 온라인 공간 활용도와 의존도가 더 높아졌기 때문입니다.

공희준　말만 무성하던 김건희 여사의 국민의힘 공천 개입 의혹이 수면 위로 떠올랐습니다. 아직은 진실 게임 측면이 강하지만, 현직 대통령 배우자의 집권 여당 공천 개입이 사실로 확인되면 빼도 박도 못하는 국정농단이 됩니다.

임세은　터질 것이 터졌다는 느낌입니다. 김 여사는 윤 대통령이 대선후보였던 시절에 "남편은 내가 챙겨주지 않으면 아무것도 못한다"는 식으로 말했던 바 있습니다. 김 여사가 윤 대통령을 좌지우지한다는 의구심은 대통령 재임 기간 내내 이어졌습니다. 김 여사의 입김이 너무 세다는 푸념이 용산 대통령실 바깥으로 흘러나오기 시작했고요.

　정권은 밖으로부터의 공격으로도 무너지지만, 내부에서의 고발과 폭로로 붕괴하기도 합니다. 김 여사가 공천에 개입했다는 이야기를 누가 했나요? 용산 대통령실의 핵심 참모 출신인 김대남 전 선임행정관입니다.

공희준　김대남 전 행정관은 자신이 현 정권에 비판적인 언론인들을 고발하도록 보수 단체들을 부추겼다는 '고발 사주' 발언마저 했습니다.

임세은　김영선 전 의원이 더불어민주당 소속인가요? 아닙니다. 국민의힘 당원입니다. 명태균 씨가 진보 쪽 인사인가요? 아닙니다. 윤석열 대통령의 당선을 위해 뛰었고, 보수 정당의 선거 승리를 위해 활동해온 인물입니다. 지금 보이는 내부로부터의 누수는 시작에 불과합니다. 앞으로 봇물 터지듯 각종 폭로와 고발이 쏟아져 나올 거라고 저는 생각합니다.

우리가 여론조사에서 유의미하게 지켜봐야 할 부분은 긍정 평가가 낮다는 지점만은 아닙니다. 더 주목해야 할 부분은 부정평가가 매우 높다는 사실입니다. 윤석열 대통령 국정 운영에 대한 부정평가 비율이 70%를 넘어섰습니다. 리얼미터가 2024년 9월 30일에 발표한 여론조사 결과에서 대통령에 대한 부정평가 비율이 70.8%로 나타났으니까요. 리얼미터 기준으로 부정평가가 70%를 넘은 건 이 조사가 처음입니다.

공희준　　　심리적 탄핵 상태라는 말이 야당의 호들갑일 뿐이라는 여당의 주장이 실증적으로 먹히지 않게 됐습니다.

임세은　　　대통령에 대한 부정평가가 70%가 넘었다는 건, 정권을 지탱해줄 내부적인 힘이 고갈되었다고 해석해야 합니다. 이런 상황에서는 여당 의원들의 심리적 동요가 클 수밖에 없습니다. 국민의힘 소속 지역구 국회의원들이 겉으로는 용산에 충성하는 듯한 모습을 보이겠지만, 속으로는 유권자들 눈치를 볼 수밖에 없습니다. 이제는 검찰 캐비닛보다 이를 지켜보는 국민의 눈총이 더 무서워진 상황이니까요.

자격도 권한도 없는 인물들이 권력을 휘두르면 파국적 사태가 닥치게 된다는 걸 역사에서 무수한 사례들이 보여주었습니다. 권한 없는 인사가, 자격 없는 인물이 국정을 좌지우지하는 현실을 국민들이 더는 참을 수 없는 지경입니다.

자신을 권력자로 착각하는 일반인

공희준   추석을 앞두고 윤 대통령에 대한 여론을 악화시킨 원인 중 하나가 김건희 여사가 제복 입은 경찰관들을 대동한 채 마포대교에서 자살 예방 관련 현지지도를 하는 사진을 공개한 것이었습니다. 제가 지금껏 살아오면서 영부인이 현지지도에 나선 모습을 본 건 이번이 처음이었습니다. 종전의 영부인들은 격려 수준에 머물렀지, 직접 뭔가를 지시하는 단계까지 나아가지는 않았거든요.

임세은   윤석열 대통령은 선거를 통해 집권한 사람입니다. 어쨌든 선출된 권력입니다. 반면에 김건희 여사는 윤 대통령의 배우자라는 사실을 빼놓으면 법률적으로는 일반인 신분입니다. 그런데 김 여사는 자신을 윤 대통령 같은 선출된 권력자로 단단히 착각하고 있는 것 같습니다. 마치 정권에 커다란 지분을 가진 사람처럼 행동하고 있으니까요.

저는 김건희 여사가 '서울의소리' 이명수 기자와 휴대전화로 장시간 통화한 내용을 듣고서, 그가 이른바 '근거 없는 자신감'의 소유자임을 직감했습니다. 김 여사는 어떤 사람이든 자기편으로 돌려세울 수 있다는 과한 자신감을 가진 듯했습니다.

공희준　이명수 기자를 "동생"이라고 하대하며 자기 쪽에 와서 일하라고 거침없이 제안했으니까요. 김 여사가 붙임성이 좋은 건지, 아니면 철이 없는 건지 저는 잘 모르겠습니다.

임세은　김건희 여사는 본인의 활동이 정권에 도움이 된다고 생각하는 것으로 보입니다. 그렇지 않다면, 지금처럼 때와 장소를 가리지 않는 무모한 행동을 계속할 수는 없습니다.

공희준　김건희 여사는 자기가 부지런히 다녀야 정권의 지지율이 높아진다고 믿는 듯합니다. "여사님 모습이 TV에 나올 때마다 표가 떨어집니다"라고 옆에서 용감하게 직언하는 사람이 아무도 없는 모양입니다. 언론은 김 여사가 윤 대통령의 눈과 귀를 가리고 있다고 진단하는데, 돌아가는 형국을 보면 눈과 귀가 가려지기로는 김건희 여사도 윤석열 대통령 못지않습니다.

제2부속실의 성급한 폐지가 김 여사를 난조에 빠뜨린 원인이었

다는 지적이 많습니다.

임세은   이제는 만들어봐야 큰 의미가 없습니다. 물론 아무 소용이 없는 건 아닙니다. 제2부속실을 다시 설치하면 그곳에 파견되는 공무원 중에는 '늘공'이라 불리는 직업공무원들도 포함되기 마련입니다. 우리나라 공직사회는 인재들의 집합체입니다. 직무에 대한 훈련이 충실히 되어 있습니다. 모든 일을 꼼꼼하고 세세하게 기록하는 습관과 태도가 체득되어 있습니다. 기록이 남아 있지 않으면 나중에 자기가 모든 책임을 뒤집어쓸 수 있거든요. 그래서 기록하는 사람이 옆에 붙어 있으면 대통령 배우자의 행동에 일정한 견제 역할을 할 수는 있습니다.

김건희 여사가 운영한 업체에서 불러들인 검증 안 된 사람들이 보좌 인력으로 옆에 있을 때와는 달리, 김 여사가 행동에 일정한 제약을 받게 됩니다. 그렇지만 제2부속실을 되살리기에는 결론적으로 너무 늦었습니다. 또 다른 세금 낭비일 뿐입니다.

공희준   윤석열 대통령과 한동훈 대표 사이의 갈등이 표면화된 두 가지 핵심적 계기는 의대 입학정원 증원과 김건희 여사 리스크였습니다. 의대 정원은 문제의 본질과 해법을 따지기 전에 지나치게 장기화하고 있습니다. 의료계와 국민 모두 엄청난 고통을 겪고 있습니다. 국민의힘은 윤한 갈등 때문에 망가지고, 국민들은 의정 갈등으로 말미암아 골병이 드는 양상입니다.

안진걸　　리얼미터는 윤 대통령 지지율이 상대적으로 높게 나오는 회사였습니다. 이 리얼미터에서마저 윤석열 대통령에 대한 부정평가가 70%를 넘어섰습니다. 긍정 평가는 20% 초반대를 향하고 있습니다. 특정 지역과 특정 연령대에서 윤 대통령에 대한 지지율이 특수하게 높다는 점을 고려하면, 대다수 지역 대부분의 연령대에서 윤석열 대통령 지지도가 10%대 수준이라고 봐야 합니다.

공희준　　이쯤 되면 통치 불능 수준입니다.

안진걸　　맞습니다. 국정을 운영할 동력도, 정부 여당을 이끌어갈 에너지도 사실상 남아 있지 않습니다. 지지율이 이렇게 낮아지면 대통령과 정부가 무슨 말을 해도 국민들이 믿지 않습니다. 정부가 명목상으로만 존재하는 수준입니다. 의료 붕괴 사태는 윤석열 정부가 식물 정부로 전락하는 중차대한 요인으로 작용했습니다. 의료 붕괴 사태의 장기화는 가뜩이나 낮은 윤석열 대통령의 지지율을 더더욱 떨어지게 만들었습니다.

　국민들은 응급실을 찾아 헤매는 '응급실 뺑뺑이' 때문에만 공포에 휩싸인 게 아닙니다. 질병에 걸렸을 때 해당 병증에 관해 최고의 권위와 전문성을 지닌 의사를 만나는 건 환자로서의 당연한 권리입니다. 그 권리가 벌써 몇 달째 박탈당하고 있습니다. 치료받고 싶은 병원에서 만나고 싶은 의사를 만날 수가 없어요. 올해 안에 해야 할 수술들이 내년으로 줄줄이 미뤄지고 있다는 건 이제 놀랍고 충격적인 소식도 아닙니다. 사람이 많이 아프면 가족들만 그 사실을 아는 게 아닙니다. 주변 친척과 지인들도 머지않아 그 사람이 아프다는 사실을 자연스럽게 알게 됩니다. 한 사람의 병환은 그를 아는 주변인들 모두의 우환이 됩니다.

의정 갈등에 따른 현 정부에 대한 민심 악화는 필연적 사태였습니다. 설상가상으로 대통령 배우자가 여당 공천에 개입했다는 의혹마저 불거졌습니다. 그도 모자랐는지 밤늦게 경호원들을 대동하고 관저 밖으로 산책까지 나갔습니다.

공희준　대통령실의 해명에 의하면 관저를 경비하는 경호 인력의 야식을 사기 위해 김 여사가 직접 나섰다고 합니다.

안진걸　대통령실의 해명을 곧이곧대로 믿을 국민이 몇 명이나 되겠습니까? 대통령 집무실을 무리하게 용산으로 이전하지 않았다면 대통령 배우자가 경호원을 이끌고 심야에 으슥한 밤길을 다니는 일은 애당초 없었습니다. 저는 개를 산책시키는 일을 변명하다가 말이 꼬였다고 생각합니다.

윤석열 정부의 대통령실에는 고질적이고 나쁜 버릇이 있습니다.

부적절한 행위가 드러나면 그 행위에 대해 깔끔하게 인정하지 않는 다는 점입니다. 일단 발뺌부터 하기 일쑤입니다. 그러니 정권의 잘 못된 행동을 보도하는 언론과 언론인들을 스토커로 매도하곤 합니 다. 가짜 뉴스 유포자나 정치공작 세력으로 몰아붙입니다. 심지어 반국가세력이라고 일방적으로 규정하기조차 합니다. 윤석열 정부 들어와 언론사와 시민들을 상대로 한 권력의 민·형사소송이 남발 돼온 이유입니다.

윤석열 정부의 검찰은 대통령에 대한 명예훼손이라는 구실로 무 차별적 통신사찰을 자행했습니다. 뉴스토마토가 2024년 8월 3일 보도한 바에 따르면, 검찰에서 무려 3천 명에 달하는 정계 인사들과 언론계 종사자들을 대상으로 휴대전화 통신 조회를 했습니다. 권력 에 의해 통신 조회를 당한 사람들 명단에 제 이름도 들어 있었습니 다. 국가안보나 공공의 안전을 목적으로 대규모 통신사찰을 한 게 아니었습니다. 윤석열 대통령과 김건희 여사, 김 여사의 친정 식구 들을 비호하는 과정에서 행해진 일입니다. 권력의 사유화가 국민들 이 용인할 수 있는 한계치를 진즉에 넘어섰습니다.

공희준　의료대란은 터널의 끝이 좀체 보이지 않고 있습니다.

안진걸　의과대학 입학정원을 늘리는 데에는 야당은 물론 대다수 국민이 찬성하고 있습니다. 문제는 왜 2천 명이라는 숫자를 막무가

내로 고집하느냐는 것입니다. 윤석열 정부와 달리 문재인 정부는 1년에 400명씩 단계적으로 증원을 추진했었습니다. 결국, 이루어지지는 않았지만요.

공희준 의사 집단의 반발을 최소화하기 위한 숫자였던 걸로 기억합니다.

안진걸 1년 400명 증원 방안에는 의대생들의 교육을 담당하는 의대 교수들도 동의했었습니다. 이러한 방식으로 순차적으로 입합 정원을 증원해도 4년 후면 2천 명의 증원 목표를 달성할 수 있습니다. 갈등을 줄이면서 정원을 늘리는 방법이 충분히 있는데도 2천 명이 과학적 숫자라고 다짜고짜 우기고만 있습니다. 그러니 이 일에 천공이 개입한 게 아니냐는 의혹이 국민들 사이에 제기될 수밖에 없습니다.

한 가지 놀라운 사실은 김건희 여사가 의대 증원 문제에 관해서도 서슴없이 자신의 견해를 다른 사람들에게 피력했다는 부분입니다. 진중권 교수는 자신과 김건희 여사의 전화통화 내용을 공개하면서, 김 여사가 의대 정원 증원과 관련해 "2천 명 증원 방안은 과학적 근거가 있다"라고 이야기하며 굉장히 완강한 입장이었다고 털어놨습니다.

공희준   김 여사는 미대 출신이고, 진 교수는 미학 전공자입니다. 한 명은 예체능계고, 한 명은 문과 출신인 두 사람이 의대 증원 문제를 둘러싸고 격론을 벌였다니, 그야말로 블랙 코미디입니다. 정외과를 나와 미술에는 일자무식인 제가 우리나라 미술대학 정원의 많고 적음에 대해 왈가왈부하는 격입니다. 김건희와 진중권의 의대 정원 전화 토론은 무식하면 용감하다는 이야기가 딱 어울리는 광경으로 보입니다.

안진걸   김건희와 진중권 모두 보건의료 분야 문외한들이겠지만, 진 교수가 보기에도 2천 명을 고집하는 이유가 석연치 않았겠지요. 윤석열 정권의 최고 실세는 윤석열이 아니라 김건희라는 촉이 그 순간 진중권에게도 왔을지 모릅니다.

반면교사의 대명사

공희준 저희가 처음으로 대담을 진행한 게 7월 중순이었는데, 불과 두 달 사이에 윤석열 정권을 철벽 방어해온 〈조선일보〉마저 김건희 여사에 대한 우려를 공공연히 내놓을 만큼 문제가 커졌습니다. 윤석열 정부의 지속가능성 여부가 김 여사 리스크 극복 여부에 달린 것 같은 분위기입니다. 정부 여당은 야당의 정치공세 때문에 민생이 실종됐다고 주장해왔습니다. 그러나 현실에서 여권은 김 여사를 방어하느라 민생경제에 신경 쓸 겨를이 거의 없었습니다.

안진걸 역대 대통령들의 경우, 친인척 관련 비리와 불법이 드러나면 국민 앞에 고개 숙이고 사과했습니다. 검찰 수사든 특검 수사든 묵묵히 받아들였고, 대통령직을 수행하는 동안에 친인척이 구속되기도 했습니다. 국민은 정권의 민심 수습 노력을 어느 정도 인정하면서 대통령이 임기를 마치도록 인내심을 발휘했습니다.

그러나 윤석열 대통령은 이 같은 상식적 문제 해결 절차를 거부해왔습니다. 채 상병 특검법은 세 번째로 김건희 특검법은 두 번째로 거부권을 행사할 기세입니다.[55] 그러면 가뜩이나 낮은 윤 대통령의 지지율은 추가로 하락할 게 뻔합니다. 대통령이 배우자와 장모를 두둔하다가 민심의 신뢰를 전부 잃어버리는 초유의 사태가 우리 눈앞에 생생하게 펼쳐지고 있습니다. 지표상의 지지율은 20%대이지만, 국민들이 체감하는 윤 대통령 지지도는 이미 10%대로 떨어져 있습니다.

공희준　70대 이상 노인층과 대구·경북 지역의 높은 지지율이 평균의 오류를 초래한 까닭에 20%의 지지율은 그나마 유지하는 모양새입니다.

안진걸　열 명 중 일고여덟 명이 반대하면 찬성하던 한두 명마저 입을 다물게 됩니다. 윤석열 대통령을 좋아한다는 사람이 하나둘 우리 주변에서 자취를 감춘 까닭입니다. 이런 형편에 무슨 수로 국

55.　윤석열 대통령은 2024년 10월 2일 김건희 특검법과 채 상병 특검법, 그리고 지역화폐법에 대해 재의요구권(거부권)을 행사했다. 전달인 9월 19일에 야당 주도로 세 법안을 국회 본회의에서 통과시켰는데, 정부는 같은 달 30일 국무회의에서 이 법안들에 대한 재의요구안을 의결했다. 재의요구안을 재가하는 방식으로 거부권을 행사함으로써 윤 대통령이 국회로 돌려보낸 법안은 총 24개가 되었다. (경향신문 유새슬 기자 보도)

윤석열 대통령 거부권 행사 목록(2024년 10월 기준)

2023년
- 4월 4일 양곡관리법 개정안
- 5월 16일 간호법 제정안
- 12월 1일 노란봉투법(1차)
- 12월 1일 방송법 개정안(1차)
- 12월 1일 방송문화진흥회법 개정안(1차)
- 12월 1일 한국교육방송공사법 개정안(1차)

2024년
- 1월 5일 화천대유 50억 클럽 특검법
- 1월 5일 김건희 특검법(1차)
- 1월 30일 이태원 참사 특별법
- 5월 21일 채 상병 특검법(1차)
- 5월 29일 전세 사기 특별법 개정안
- 5월 29일 민주유공자법 제정안
- 5월 29일 농어업회의소법 제정안
- 5월 29일 지속가능한 한우산업을 위한 지원법
- 7월 9일 채 상병 특검법(2차)
- 8월 12일 방송법 개정안(2차)
- 8월 12일 방송문화진흥회법 개정안(2차)
- 8월 12일 한국교육방송공사법 개정안(2차)
- 8월 12일 방송통신위원회법 개정안
- 8월 16일 전국민 25만원 지원법
- 8월 16일 노란봉투법(2차)
- 10월 2일 김건희 특검법(2차)
- 10월 2일 채 상병 특검법(3차)
- 10월 2일 지역화폐법

정 운영 동력이 생성·유지되겠습니까?

윤석열 대통령에게 나라와 국민을 생각하는 충정이 남아 있다면, 대통령직에서 자발적으로 사퇴하는 결단을 내려야 옳습니다. 이게 국정 동력을 상실한 권력으로 인해 초래되는 국가 기능 마비와 사회 불안을 평화적으로 마감할 수 있는 사실상 유일한 길입니다. 그러한 결단이 없으면, 우리 사회는 1960년 4·19 혁명 같은 대규모 항쟁, 2016년의 가을 겨울처럼 여야 합의에 기초해 대통령을 탄핵하는 사태로 치달을 가능성이 큽니다.

제도적 권한이 없는 자가 실제 권력자처럼 행세하면 불행한 결말을 맞이하고 맙니다. 이는 동서고금을 막론한 냉엄한 진리입니다. 우리 국민은 김건희를 대통령으로 뽑지 않았습니다. 민주주의 정치 체제에서는 유권자들에 의해 정당한 절차를 거쳐 선출된 사람만이 권력을 행사해야 합니다. 그러지 못한 인물이 권력을 휘두른다면, 비선 실세의 권력 농단일 뿐입니다.

공희준　김건희 여사가 국정농단의 위험성이 있다는 사실을 자각하고 있을까요?

안진걸　김 여사는 본인이 대통령 행세를 한다고 생각하지 않는 듯합니다. 오히려 스스로를 대통령으로 생각하는 것처럼 보입니다. 여러 녹취록과 행보를 고려하면, 김 여사가 단순히 대통령을 행세하는 것이 아니라 실제로 대통령 역할을 하고 있다는 추측이 무리한 억측만은 아닐 겁니다.

공희준   김건희 여사는 일반 가정의 평범한 여성이 아닙니다. 대한민국 국가원수이자 정부 수반인 인물의 배우자입니다. 그런데 너무 말을 쉽게 하고, 지나치게 많은 사람과 교류해왔습니다. 남편이 대통령이 되기 전이라면 몰라도, 대통령이 된 다음까지 그런 행동을 계속한다면 보통 큰 문제가 아닙니다. 김건희 여사는 왜 바뀐 위상에 어울리는 성숙하고 진중한 면모를 보이지 못하는 걸까요? 앞으로 김 여사 관련 녹취록이 쏟아져 나올 텐데, 대통령에 대한 지지 여부를 떠나 국가적으로 무척 걱정스러운 일입니다.

임세은   정신없이 쏟아져 나올 게 확실합니다.

공희준   고위 공직자의 배우자들에게 김건희 여사의 사례는 "저렇게 해서는 안 된다"라는 반면교사로 남을 듯합니다.

임세은   저도 그렇게 생각합니다. 그러나 여러 문제와 의혹에도 불구하고 별로 양심의 가책을 느끼는 것 같지는 않습니다. 우선 학력과 경력 부풀리기부터가 진심으로 부끄러워해야 할 일이었습니다. 그러면 자숙하고 근신해야 마땅한데, 더 활발하게 활동하고 있으니 이를 지켜보는 국민들이 얼마나 어이가 없겠습니까? 그간 저지른 잘못에 상응하는 처벌을 제대로 받았으면 그런 행동을 하지 못합니다. 김건희 여사가 지금 같은 강심장이 된 데는 윤석열 대통령의 역할이 작지 않다고 생각합니다. 남편이 특수부 검사가 아니었다면, 검찰총장이 아니었다면, 제1야당의 대선후보가 아니었다면, 대통령이 아니었다면 김건희 여사의 운명과 거취는 지금과 확연히 달랐을 테니까요.

강찬호 중앙일보 논설위원의 기명 칼럼에 흥미롭고 의미심장한 내용이 실려 있습니다. 윤 대통령을 만난 법조계 선배들이 김 여사에 대한 대책을 세우라고 조언하면 "선배님, 저한테 앞으로 그 이야기 하지 마십시오. 제가 집사람한테 그런 말할 수 있는 처지가 아닙니다"라고 대꾸한다는 이야기였습니다. 두 사람의 관계에서 누가 주도권을 쥐고 있고, 누가 아무 말 못하고 휘둘리는지를 확연하게 알려주는 대목이었습니다.

김 여사가 국가 경영이나 정부 운영과 관계된 의견을 강하게 밝히면 윤 대통령이 과연 그걸 강단 있게 뿌리칠 수 있을까요? 일반인의 정상적인 상식으로는 이해하기 힘든 두 사람만의 의사소통 구조가 정권은 물론 나라마저 위기로 몰아넣고 있다고 생각합니다.

왕조 시대에 외척이 발호하면 거의 예외 없이 왕권이 흔들리고 나라의 기강이 무너지면서 민생이 도탄에 빠졌습니다. 그런 봉건왕조 시대에도 시비곡직을 가리려는 기개 있는 충신들은 있었습니다.

그러면 임금이 왕비를 등에 업고 발호하는 외척을 다스리는 결단을 내렸습니다. 그래야만 왕권이 유지되고 나랏일이 온전하게 꾸려질 수 있었습니다. 지금 상황이 외척이 발호하던 과거 왕조 시대와 비슷한 분위기입니다. 따라서 윤 대통령이 김 여사를 강하게 통제하든, 사법처리를 하든 결단을 해야 하는데, 오히려 무기력하게 휘둘리는 모습입니다. 정권의 몰락을 재촉하는 시곗바늘이 재깍재깍 무심하게 돌아가고 있는데도요.

공희준 윤 대통령이 권위와 통제력을 상실한 까닭에 국정 운영이 헛바퀴 돌 듯 공전을 거듭하고 있습니다. 만약 윤 대통령이 나랏일에서 한발 물러나 초당적인 거국 내각을 구성하면 국정 정상화의 길이 열릴까요?

안진걸 현재의 총체적 난국을 타개할 방도로 몇 가지가 고려될 수 있습니다. 탄핵 위기에 직면한 박근혜 전 대통령은 임기 단축 카드를 꺼내 궁지를 모면하려 시도했습니다. 박 전 대통령은 그러한 희망과 목적으로 당시 제1야당이던 더불어민주당을 끌어들이려 했습니다. 청와대의 노림수를 간파한 촛불 시민들의 강력한 제동에 박근혜 대통령의 시도는 금세 좌절됐습니다. 그다음은 우리가 잘 알다시피 신속한 탄핵 추진이 이어졌습니다.

윤 대통령의 처지는 그때의 박 전 대통령과 견주어 나빴으면 나빴지, 좋지는 않습니다. 윤석열 정권의 존폐에 대한 최종적 판단은 신성한 주권자인 국민들의 당연한 몫입니다. 만약 윤석열 대통령이 국정에서 손을 떼고 중립적 거국 내각이 들어서는 방안을 국민들이 선호한다면, 그 방향으로 가는 선택이 맞을지도 모릅니다. 하지만 여기에는 두 가지 함정이 있습니다.

첫째, 윤석열 대통령이 이를 절대로 수용하지 않을 거라는 점입니다. 왜냐하면, 윤 대통령과 그 배우자에 대한 신변안전이 보장되지 않기 때문입니다. 더욱이 대통령 권력을 맛본 이상, 이걸 쉽게 포기하지 못할 겁니다.

둘째, 이 같은 타협안을 채택하기에는 너무 늦었다는 점입니다. 그렇게 할 생각이었으면 아무리 늦어도 총선 직후에 해야 했습니다. 그래야 명목상이나마 대통령직을 유지하는 출구전략을 국민들이 수긍하고 받아들일 수 있었습니다. 그러나 이마저 때를 놓치고 말았습니다.

멈추지 않는 혼돈 그리고 몰락

공희준 　최후의 반전 기회는 올해 추석 명절 때였는데, 김건희 여사의 느닷없고 월권적인 마포대교 순찰이 마지막 동아줄마저 끊어버린 느낌입니다.

안진걸 　한가위 연휴가 시작될 때쯤 김건희 여사의 진솔한 대국민 사과와 함께 의대 정원 문제에 대해서도 정부가 신축적이고 전향적으로 양보해야 했습니다. 2천 명 증원은 현실적으로 무리가 있으니 500명 정도만 늘리도록 하겠다는 유화적 입장을 발표해야 했습니다. 그러나 현실은 정반대였습니다. 김 여사는 추석을 맞이해 종횡무진 맹활약했습니다.

공희준 　동정심을 자아내는 초췌한 모습의 대국민 사과가 아니라 화사하게 한복을 차려입고 대국민 추석 인사를 하는 모습을 내보냈는데, 저는 그게 국민에게 거부감만 더 돋웠다고 생각합니다.

안진걸 여러 마리 강아지까지 데리고 대대적으로 등장했습니다. 정부는 올 추석에 응급실 대란은 없었다고 주장합니다. 그건 사람들이 아파도 이 악물고 참았기 때문입니다. 응급실에 가봐야 뺑뺑이만 돈다고 하니 차라리 집에서 혼자 끙끙 앓는 쪽을 택했습니다. 바로 제 가족이 그런 경험을 했습니다. 응급실을 찾아간다고 해서 예전처럼 정상적으로 진료를 받는다는 보장이 없었거든요. 이렇게 국민들의 분노지수가 오를 대로 오른 추석 바로 직전에 김 여사가 돌연 마포대교를 시찰하며 공권력의 상징인 제복 입은 경찰 공무원들을 주변에 세워놓고 이것저것 시시콜콜 직접 지시하는 듯한 사진이 공개됐습니다.

공희준 김 여사는 동에 번쩍 서에 번쩍하며 세간에서 흔히 말하듯이 '미친 존재감'을 뽐냈습니다.

안진걸 누가 명실상부한 권력의 일인자인지를 과시하는 무모하고 부적절한 행보였습니다. 그걸로 마지노선이 무너지면서 '게임 오버'가 되고 말았습니다. 이제 민심은 거국 내각 구성 정도의 시국 수습책으로는 성에 차지 않습니다. 만에 하나 대통령 측에서 그런 방안을 제시한다 한들 시간끌기용 꼼수 정도로 일축할 게 분명합니다. 국민들은 윤석열 대통령이 콩으로 메주를 쑨다고 말해도 더는 믿지를 않습니다.

공희준　윤 대통령이 민심의 신뢰를 너무 크고 치명적으로 잃었습니다. 때마침 한덕수 국무총리가 〈조선일보〉 김윤덕 기자와의 인터뷰에서 기사를 읽는 사람조차 민망해질 지경으로 윤 대통령에 대한 온갖 찬양과 칭송을 늘어놓으면서 국민을 향해 선전포고에 가까운 강경 발언을 쏟아냈습니다.[56] 한 총리는 총리로서의 완주 의지를 노골적으로 내비쳤습니다.

임세은　한덕수 총리가 황교안 전 국무총리처럼 대통령 권한대행 자리를 생각하는 건 아닐까요?

안진걸　한덕수 총리는 전형적인 대독 총리, 의전 총리로 출발했습니다. 그런데 윤석열 대통령의 지지율이 계속 떨어지고 김건희 여사의 비선 권력이 기승을 부리며 한덕수 총리의 입지가 역설적으로 더 단단해졌습니다. 정부 안에서의 영향력도 강화됐고요. 여권이

56.　한덕수 총리는 문제의 인터뷰에서 윤석열 대통령이 대인이고 가장 개혁적인 대통령이라고 추켜세우며 김건희 여사의 명품 디올 백 수수에 대해서는 사과할 만큼 사과를 했다고 말했다.

정국의 주도권을 장악하려면 윤석열 대통령이 기사회생해야 하는데, 엉뚱하게 한덕수 총리가 기사회생한 모습이었습니다. 그만큼 윤석열 정부의 국정 운영이 뒤죽박죽에 엉망진창에 주먹구구식이라는 뜻입니다.

공희준 윤석열 대통령 취임 이래 정부와 여당 모두 혼돈의 연속이었습니다.

안진걸 상상을 초월하는 기상천외한 사건들의 연속이었습니다. 그 와중에 애꿎은 민생경제가 초토화됐습니다. 2023년 기준 100만 명 가까운 자영업자가 폐업을 결정했습니다. 외식업계는 100곳 중 22곳이 문을 닫았습니다. 공실률이 25%에 달하고 있습니다. 윤석열 대통령과 한덕수 국무총리는 이런 객관적 수치들에 아랑곳하지 않은 채 우리 경제가 좋다고 나란히 말하고 있습니다. 국민들이 민생현장에서 느끼는 체감경기는 정부 당국자들의 자화자찬 섞인 주장과는 정반대입니다. 장사는 안되고, 월급은 오르지 않고, 구직을 희망하는 청년세대의 취업은 어렵습니다.

고용노동부가 발표한 자료에 따르면 2024년 상반기 체불임금 액수가 1조 436억 원입니다.[57] 무려 15만 503명에 달하는 노동자들이

---

57. 해당 금액은 반기 기준으로는 사상 최초로 1조 원을 돌파한 액수로, 작년 같은 기간의 체불임금 규모와 비교해 27% 증가한 것으로 나타났다. (연합뉴스 고미혜 기자 보도)

힘들게 일하고도 인건비를 제 때에 받지 못했습니다. 설상가상으로 유수의 소셜커머스 업체인 티몬과 위메프가 줄줄이 엎어지면서 이제까지 밝혀진 금액만 합산해도 1,700억 원에 달하는 미수금이 연쇄적으로 발생했습니다.

공희준　노동자들 처지에서는 소득이 줄어든 게 제일 억울하고 속상합니다.

안진걸　강득구 국회의원실이 고용노동부로부터 제출받은 자료에 의하면 윤석열 대통령이 취임한 2022년과 대비해 2024년 상반기 근로자들의 실질임금이 1.36% 하락했습니다.[58] 임금 근로자들만 허리가 휘는 게 아닙니다. 자영업자들도 파탄지경입니다. 대표적 실례로 여의도는 상권이 번화하기로 소문난 곳입니다. 그런데 요즘은 밤 9시만 되어도 을씨년스러울 만큼 인적이 끊깁니다. 웬만한 건물마다 하루하루 공실이 늘어나고 있어요. 그런데도 정부는 경제 상황이 개선되고 있다고 목소리를 높이고 있으니 국민들의 불쾌지수가 더 솟구칠 수밖에 없습니다.

　경제에 관한 우울한 전망은 한국갤럽을 비롯한 각종 여론조사에

58.　2022년 근로자 1인 월평균 실질임금은 359만2천원이었으나, 2024년 상반기 실질임금은 354만3천원으로 나타났다. (뉴스1 임윤지·한병찬 기자 보도)

서도 확인되고 있습니다.[59] 몇몇 대기업을 중심으로 수출에 호조를 띠고 있지만, 경제의 근간이 되는 내수는 침체의 끝이 보이지 않습니다.

국민들은 민생회복지원금 지급과 지역화폐 활성화를 간절히 염원하는데, 윤 대통령은 여기에서마저 거부권을 사용했습니다. 민생경제의 회생에 다른 사람도 아닌 현직 대통령이 대놓고 황당하게 어깃장을 놓고 있습니다. 정치는 물론이고 경제에서도 국민을 위해 희생하고 헌신하고 봉사하겠다는 의지가 대통령에게 보이지 않습니다. 민심과의 소통은커녕 국민이 바라는 쪽의 정반대 방향으로만 치닫기 일쑤입니다.

임세은 역대 모든 정부는 고유한 정책과 독자적 캐치프레이즈가 있었습니다. 문재인 정부는 '소득주도성장'을 간판 경제정책으로 표방했습니다. 박근혜 정부는 '창조경제'를 내걸었습니다. 노무현 정부는 '국가균형발전'을 지향했고, 이명박 정부는 '공정한 사회'를 제창했습니다.

윤석열 정부는 그런 원대하고 긍정적인 비전이 없습니다. 국민과

---

59. 한국갤럽이 2024년 9월 27일 발표한 여론조사에 의하면 향후 1년간 우리나라 경제가 나빠질 것이라고 전망한 응답자가 54%였다. 좋아질 것이라고 전망한 응답자는 16%에 불과했다. 앞으로 1년 동안의 살림살이에 대해선 '좋아질 것' 17%, '나빠질 것' 31%, '비슷할 것' 51%로 나타났다. (한겨레신문 손현수 기자 보도)

야당과 언론이 반개혁적이라서 정부가 밀어붙이는 이른바 개혁조치들에 저항하는 게 아닙니다. 정책의 내용은 물론, 추진하는 방식까지 너무나 엉터리이기 때문에 반대하는 것입니다. 국민의 믿음을 모조리 상실한 정부라면 아무 일도 하지 않는 게 차라리 국리민복에 도움이 됩니다.

윤석열 정부의 수준이 얼마나 형편없으면 정상외교를 목적으로 방문한 국가의 언론이 영부인을 사기꾼이라고 표현했겠습니까?[60] 이건 엄청난 외교상의 결례였습니다. 체코 언론만이 아니에요. 미국 언론에서는 김 여사를 향해 '빨래 건조대'라는 야멸찬 조롱을 퍼부었습니다. 대한민국의 국격이 사방에서 대책 없이 녹아내리는 중입니다. 정부는 윤 대통령이 체코에서 원전 수출 대박을 터뜨렸다고 대대적으로 홍보했습니다. 포항 앞바다에 대량의 석유와 천연가스가 매장되어 있다고 요란을 떨다가 후속 소식이 잠잠해진 것처럼, 이 부분도 두고 봐야 아는 일일 테지요.

공희준 정부 출연기관인 한국원자력연구원이 국민의힘 최수진 의원에게 제출한 〈한미 원자력 협력 확대를 위한 글로벌 여건 분석 및 한미 원자력 파트너십 방안 도출〉이라는 장황한 제목의 보고서는 "미국의 핵심 원전 산업업체인 웨스팅하우스는 주요 원전 수출

---

60. 김건희 여사를 '사기꾼(podvodnik)'으로 묘사한 블레스크는 체코의 전국 일간지로는 발행부수 2위, 열독률 1위의 타블로이드 신문이다. (한겨레신문 이재성 논설위원 칼럼)

시장에서 한국의 원전 산업계와 경쟁하고 있으며, 미국과 한국의 해외 원전 공동 진출 협력에 큰 걸림돌로 작용하고 있다"라고 지적하고 있습니다.[61] 웨스팅하우스와의 원천기술 분쟁을 해소하지 않으면 체코 원전 수출도 속 빈 강정이 될 수 있다는 경고가 담긴 보고서였습니다.

임세은 한국과 체코의 정상 회담 이후, 양국 정상이 원전 건설과 관련해 서로 다른 뉘앙스로 이야기했는데, 그 이유도 웨스팅하우스와 무관하지 않을 겁니다.

공희준 윤석열 정부가 자랑하는 외교적 업적의 허허실실을 평가할 때 "끝날 때까지 끝난 게 아니다"라는 요기 베라의 명언만큼 어울리는 잣대도 드물 것 같습니다.

임세은 윤석열 정부의 부끄럽고 실속 없는 외교 때문에 얼굴이 화끈거릴 지경입니다. 미국이 용산 대통령실을 도·감청해도 변변한 항의조차 하지 못할 만큼 대한민국이 국제사회의 호구가 되어버

---

61. 해당 보고서는 여기에 더하여 "미국 웨스팅하우스와 한국 한전·한수원은 원전 수출에 있어 구조적으로 경쟁관계와 협력관계를 모두 갖고 있다며 한수원은 (한국형 신형 가압경수로인) APR1400의 모태가 됐던 기술을 웨스팅하우스가 보유하고 있어 협력이 필요한 상황"이라고 덧붙이고 있다. (아이뉴스 정종오 기자 보도)

렸습니다. 이제 더는 유지하기 힘든 단계에 이르렀다고 저는 단호하게 말씀드리고 싶습니다.

공희준　　　지금의 정치적 불확실성과 정부 부재 상태를 국민주권의 헌법정신에 부합하는 민주적 절차를 거쳐 조기에 해소할 필요성을 누구도 부인하기 어렵게 되었습니다. 긴 시간 고견을 들려주신 안진걸 소장님과 임세은 대변인님께 진심으로 감사의 말씀 드립니다.

부록

윤석열 대통령 탄핵소추안 즉각 발의 요청에 관한 청원

동의 기간 2024/06/20~2024/07/20

- 청원 취지

윤석열 대통령 취임 이후 대한민국은 총체적인 위기에 처해있습니다. 대북전단 살포 비호, 9·19 남북군사합의 파기 등 남북관계는 충돌 직전의 상황입니다. 채 해병 특검, 김건희 특검 등에 대한 대통령의 거부권 행사로 민주주의의 근간이 흔들리고 있습니다. 윤석열은 대통령의 권력을 본인과 김건희의 범죄를 덮기 위한 방탄용으로 행사하고 있습니다. 고금리, 고물가, 고환율로 민생경제가 파탄 나고 국민들은 생활고에 시달리고 있는데도 윤석열은 민생예산을 삭감하고 부자들의 세금을 깎아주고 있습니다. 윤석열이 내놓는 고령화 대책, 저출산 대책도 한심하기 이를 데 없습니다. 미국과 일본을 추종하는 사대매국 외교로 국익은 훼손되고 외교적 고립은 심화되고 있습니다.

경제, 안보, 외교, 민생, 민주 등 대한민국의 모든 분야가 총파산하고 있습니다. 이미 윤석열의 탄핵 사유는 차고 넘칩니다. 총선에서 민심의 준엄한 심판을 받은 윤석열은 국정기조를 전환할 의지가 없습니다. 대한민국을 위기로 몰아가고 반성할 줄 모르는 윤석열을 더 두고 볼 수 없습니다. 심판은 끝났습니다. 22대 국회는 윤석열 탄핵소추안을 즉각 발의해야 합니다.

- 청원 내용
윤석열 탄핵 5가지 대표 사유입니다.

1. 해병대 박정훈 수사단장에 대한 외압 행사 : 군사법원법 위반
윤석열 정권은 7월 폭우 피해 실종자 구조 중 사망한 해병대 채○○ 상병 사건을 수사하던 박정훈 수사단장에 외압을 행사했습니다. 또 박정훈 수사단장에게 항명죄를 뒤집어씌워 사건 수사를 가로막았습니다. 이는 군사법원법 위반으로 명백한 탄핵 사유입니다. 이것도 모자라 윤석열은 채 해병 특검법에 거부권을 행사했습니다.

2. 명품 뇌물 수수, 주가조작, 서울-양평 고속도로 노선 조작 : 윤석열-김건희 일가의 부정비리, 국정농단

윤석열 정권은 취임하자마자 15년간 추진되어온 국책사업 서울-양평 고속도로 노선 변경을 시도하였습니다. 여기에 김건희의 명품 뇌물 수수 사건, 새로운 증거들이 드러나고 있는 주가조작 사건 등 윤석열-김건희 일가의 부정비리 혐의는 끝이 없습니다. 그러나 김건희 특검법에 대해 윤석열은 거부권을 행사했습니다.

3. 전쟁 위기 조장 : 평화통일 의무 위반

윤석열 정권은 후보 시절부터 북한 선제타격을 주장하고 집권 이후 연일 대북 강경 발언, 무력시위, 한미-한미일 군사훈련을 집중적으로 벌여 한반도 전쟁 위기를 조장하고 있습니다. 최근에는 탈북자 단체들의 대북전단 살포를 비호하고 9·19남북군사합의서 파기, 대북확성기 방송 재개로 남북관계를 전쟁 접경으로 몰아가고 있습니다. 대통령의 평화통일 의무를 규정한 헌법을 위반하는 윤석열 정권은 탄핵 대상입니다.

4. 일본 강제징용 친일 해법 강행 : 대법원 판결 부정

윤석열 정권은 2018년 일제 강제동원 피해자 원고 승소를 판시한 한국 대법원 판결을 무시하고 제3자 변제 방안을 추진하였습니다. 일본의 강제동원 범죄에 면죄부를 주고 피해자의 권리를 박탈하며 대법원 판결을 부정한 윤석열은 탄핵 대상입니다.

5. 후쿠시마 핵폐수 해양투기 방조 : 국가와 국민의 생명 안전권 침해
윤석열 정권은 온 인류에 재앙을 일으키는 일본의 핵폐수 해양투기 범죄를 과학이라는 이름으로 옹호하고 국제법으로 보장된 인접국 권리를 포기하였습니다. 핵폐수의 위험성을 우려하고 경고하는 국민을 괴담 유포 세력, 반국가세력으로 몰아 공격했습니다. 심지어는 막대한 혈세를 낭비하며 핵폐수가 안전하다고 홍보까지 했습니다. 윤석열은 국민의 생명, 안전을 지켜야 할 대통령으로서 임무를 저버렸습니다.

국민 안전, 국가 이익 수호라는 헌법정신을 부정하는 윤석열의 탄핵 사유는 차고 넘칩니다. 파국으로 치닫고 있는 대한민국을 바로 세우기 위해 우리 국민은 윤석열 정권 탄핵을 명령합니다. 국회는 민의를 받들어 즉각 윤석열 탄핵 소추안을 발의해야 합니다.

| 칼럼 | 물가 폭등과 난리에 정말 폭동과 민란이라도 일으켜야 하나요? (2023. 3. 10)

안진걸 민생경제연구소장 (전 상지대 초빙교수)

요즘 정말 전국이 난리입니다. 언제나 경제가 어려웠다고 하지만, 요즘은 흔한 말로서 '경제가 힘들다'라는 것을 완전히 넘어서서 정말로 경제도, 민생도, 가계살림도 최악의 나날들이라고 해도 과언이 아닐 것입니다.

보수적인 경제학자들도 지금이 인플레이션을 넘어 스태그플레이션과 같은 심각한 위기 상황이라고 진단하기도 합니다. 우리 국민들은 경제성장률의 위기, 수출경제의 위기 등에 대해서도 걱정하고 있지만, 무엇보다도 피부로 바로 체감하고 있는 공공요금과 물가 급등의 지속에 대한 고통을 가장 많이 토로하고 계십니다.

월급과 월소득 말고는 모든 것이 다 올랐다는 말은 진짜입니다. 그러니 실제로는 월급과 월소득은 감소했을 것이고 그렇게 가계 살림은 더 빠듯해진 것입니다. 더 심각한 것은 윤석열 정권이 이에 대한 대책을 거의 내놓지 못하고 있다는 것입니다. 아니, 더 나아가 윤석열 정권이 국민들의 고통과 걱정에 대한 공감과 관심이 거의 없다는 것이 더 심각한 문제일 것입니다.

지금 1월달 난방비-관리비 폭탄에 이어 2월 달에도 난방비-관리비 폭탄에다가 전기료까지 급등한 고지서들이 집집마다 도착하고 있습니다. 곧 대중교통요금도 전국적으로 큰 폭으로 오를 것입니다. 또 술값들도 계속 오르거나 더 오를 예정이어서, 이제 소주는 6천원 시대, 맥주는 8천원 시대, 소주+맥주 폭탄주는 1만 5천원 시대라는 말이 돌고 있습니다. 식당에 가면 모든 메뉴들과 주류 값들이 상승했다는 것을 금방 알 수 있습니다.

이처럼 월급과 월소득은 그대로인데, 공공요금과 물가가 급등하게 되면 국민들의 생활임금은 실제로는 큰 폭으로 감소하게 되고, 그만큼 소비여력은 축소될 수밖에 없습니다. 거기에다가 2천조 가까운 가계부채, 집집마다 평균 1억 원 가까운 빚에 시달리고 있는 대한민국 국민들은 최근 계속되는 금리급등으로 인한 이자비 폭탄까지 떠안고 있습니다. 이렇게 되면 국민들은 극도로 소비를 더 줄이거나 못하게 되고, 내수 경제는 더욱더 침체될 수밖에 없습니다.

대한민국 경제의 활력이었던 수출마저도 11개월 연속 적자를 기록했는데, 내수까지 극심한 침체에 빠져 있고 고유가, 고물가, 고환율,

고금리의 4중고까지 계속되고 있으니 나라 경제와 국민 경제가 지금 실로 최악의 위기 상황에 놓여 있는 것입니다. 이것은 저희 민생경제 연구소만의 진단이 아닙니다. 국내외 거의 모든 경제분석 기관들이 올해 대한민국 경제가 최악의 상황이라고 지적하고 있습니다.

그렇다면, 이 위기는 정부가 앞장서고 기업과 국민들 모두가 함께 협력하여 돌파해나가야 합니다. 그런데, 정부는 도대체 무슨 일을 하고 있는 것인지 도통 알 수가 없습니다. 그래서 시중에 지금 대한민국은 '#무정부상태'라는 풍자와 해시태그가 돕니다. 코로나 19와 러시아-우크라이나 전쟁 국면에서 오히려 엄청난 돈을 벌게 된 금융, 정유-에너지, 통신, 방송, 배달-택배, 온라인 업종 등은 단 하나의 고통분담도 시행하지 않고 있습니다. '기업의 사회적 책임'이라는 말은 대한민국에서는 교과서에서만 있는 듯합니다.

그래도 우리 국민들은 어떻게든 살아남아 보려고 당근마켓에 가입하고, 냉장고와 부엌을 뒤져서 오래된 음식들-숨어 있는 음식들로 연명하고, 도시락을 싸고-편의점 간편식을 먹고, 대중교통을 이용하고, 대중교통비마저 아끼려고 만보기를 깔고, 정말 눈물겨운 '각자도생'을 실천하고 있습니다.

독일을 비롯한 주요국들의 정부는 국민들의 고유가, 고물가, 에너지 비용 급등으로 인한 고통을 덜어주기 위해 다종다양한 지원대책을 내놓고 있습니다.

인플레 수당(물가지원비)을 주는 나라도 있고, 너무나 저렴한 대중교통이용권을 발행하기도 하고, 빈곤층-서민-중산층들에게 생존비를 지원하고 있습니다. 특히 독일은 9유로(한국돈 12,000원)로 대중교통을 전면 무료료 이용할 수 있는 정책, 작년 12월 독일 국민들 전체의 가스비를 정부가 대신 내주는 정책을 시행해 독일 국민들뿐만 아니라 세계적인 지지를 받기도 했습니다. 그런데, 윤석열 정권은 대체 무엇을 하고 있나요? 야당들이 요구하고 있는 전국민, 또는 하위소득 80%에 해당하는 국민에게 에너지-물가지원금을 지원하자는 것을 단칼에 거부하고, 겨우 168만 명의 빈곤층 국민들만 일부 지원하고 있을 뿐입니다.

재벌대기업이나 부동산 알부자들에게는 큰 폭의 감세 특혜를 주고, 대기업 건설사들의 미분양아파트를 세금을 들여 구입할 수도 있다면서 대다수 국민들의 고통에는 단 한푼의 지원도 거부하고 있는 것입니다. 그나마 다행히 야당 소속의 지방정부들이 주민들에게 에너지-물가 지원금을 지급하고 있지만, 가계살림의 위기, 내수경제의 극심한 침체를 극복하기에는 너무나 역부족입니다.

지금 당장 윤석열 정권과 여당은 야당의 요구대로 최소 30조 원대의 추경을 통해서 먼저, 국민들 대다수에게 에너지-물가지원금을 지급하고 또 금리폭등 시대에 가장 힘든 대출 당사자들에게 이자 동결과 이자 지원부터 시행해야 할 것입니다.

지금 우리 국민들이 피눈물로 호소하고 또 절규합니다. 제발 정부와 기업들은 국민들의 민생고를 외면하지 말라고. 뭐라도 실질적인 대책을 내놓고 부디 국민들의 민생부터 살려달라고…. 그럼에도 지금처럼 거의 아무런 관심도, 대책도, 공감도, 연민도 없다면 정말 작금의 난방비-물가 폭등과 민생고 난리에 맞서서 매우 평화롭겠지만 민심의 바다에서는 '폭동과 민란'이라도 일어나고야 말 것입니다.

박근혜 대통령 탄핵 헌법재판소 선고문

이정미 헌법재판소장 권한대행 겸 재판관 낭독

지금부터 2016헌나1 대통령 박근혜 탄핵사건에 대한 선고를 시작하겠습니다. 선고에 앞서 이 사건의 진행경과에 관하여 말씀드리겠습니다. 저희 재판관들은 지난 90여 일 동안 이 사건을 공정하고 신속하게 해결하기 위하여 온 힘을 다하여 왔습니다. 지금까지 대한민국 국민들께서도 저희 재판부와 마찬가지로 많은 번민과 고뇌의 시간을 보내셨으리라 생각합니다.

저희 재판관들은 이 사건이 재판소에 접수된 지난해 12월 9일 이후 오늘까지 휴일을 제외한 60여 일 간 매일 재판관 평의를 진행하였습니다. 재판과정 중 이루어진 모든 진행 및 결정에 재판관 전원의 논의를 거치지 않은 사항은 없습니다. 저희는 그간 세 차례의 준비기일과 열일곱 차례에 걸친 변론기일을 열었습니다.

그 과정에서 청구인측 증거인 갑 제174호증에 이르는 서증과 열두 명의 증인, 5건의 문서송부촉탁결정 및 1건의 사실조회결정, 피청구인측 증거인 을 제60호증에 이르는 서증과 열일곱 명의 증인 (안종범 중복하면 17명), 6건의 문서송부촉탁결정 및 68건의 사실조회결정을 통한 증거조사를 하였으며 소추위원과 양쪽 대리인들의 변론을 경청하였습니다. 증거조사된 자료는 48,000여 쪽에 달하며, 당사자 이외의 분들이 제출한 탄원서 등의 자료들도 40박스의 분량에 이릅니다.

대한민국 국민 모두 아시다시피, 헌법은 대통령을 포함한 모든 국가기관의 존립근거이고, 국민은 그러한 헌법을 만들어내는 힘의 원천입니다. 재판부는 이 점을 깊이 인식하면서, 역사의 법정 앞에 서게 된 당사자의 심정으로 이 선고에 임하고자 합니다. 저희 재판부는 국민들로부터 부여받은 권한에 따라 이루어지는 오늘의 이 선고가 더 이상의 국론분열과 혼란을 종식시키고, 화합과 치유의 길로 나아가는 밑거름이 되기를 바랍니다. 또한, 어떤 경우에도 법치주의는 흔들려서는 안 될 우리 모두가 함께 지켜 가야 할 가치라고 생각합니다.

지금부터 선고를 시작하겠습니다. 먼저, 이 사건 탄핵소추안의 가결절차와 관련하여 흠결이 있는지 살펴보겠습니다. 소추의결서에 기재된 소추사실이 구체적으로 특정되지 아니하였다는 점에 대하여 보겠습니다.

헌법상 탄핵소추사유는, 공무원이 그 직무집행에서 헌법이나 법률을 위배한 사실이고 여기서 법률은 형사법에 한정되지 않습니다. 그리고 탄핵결정은 대상자를 공직으로부터 파면하는 것이지 형사상 책임을 묻는 것은 아닙니다. 따라서 피청구인이 방어권을 행사할 수 있고 심판대상을 확정할 수 있을 정도로 사실관계를 기재하면 됩니다. 이 사건 소추의결서의 헌법 위배행위 부분이 분명하게 유형별로 구분되지 않은 측면이 없지 않지만, 법률 위배행위 부분과 종합하여 보면 소추사유를 특정할 수 있습니다.

다음으로, 이 사건 탄핵소추안을 의결할 당시 국회 법사위의 조사도 없이 공소장과 신문기사 정도만 증거로 제시되었다는 점에 대하여 보겠습니다. 국회의 의사절차의 자율권은 권력분립의 원칙상 존중되어야 합니다. 국회법에 의하더라도 탄핵소추발의시 사유조사 여부는 국회의 재량으로 규정하고 있으므로 그 의결이 헌법이나 법률을 위배한 것이라고 볼 수 없습니다.

다음 이 사건 소추의결이 아무런 토론 없이 진행되었다는 점에 관하여 보겠습니다. 의결 당시 상황을 살펴보면, 토론 없이 표결이 이루어진 것은 사실이나, 국회법상 반드시 토론을 거쳐야 한다는 규정은 없고 미리 찬성 또는 반대의 뜻을 국회의장에게 통지하고 토론할 수는 있습니다. 그런데 당시 토론을 희망한 의원은 한 사람도 없었으며, 국회의장이 토론을 희망하는데 못하게 한 사실도 없었습니다.

탄핵사유는 개별 사유별로 의결절차를 거쳐야 함에도 여러 개 탄핵사유 전체에 대하여 일괄하여 의결한 것은 위법하다는 점에 관하여 보겠습니다. 소추사유가 여러 개 있을 경우 사유별로 표결할 것인지, 여러 사유를 하나의 소추안으로 표결할 것인지는 소추안을 발의하는 국회의원의 자유로운 의사에 달린 것이고, 표결방법에 관한 어떠한 명문규정도 없습니다.

8인 재판관에 의한 선고가 9인으로 구성된 재판부로부터 공정한 재판을 받을 권리를 침해하였다는 점에 관하여 살펴보겠습니다. 헌법재판소는 헌법상 아홉 명의 재판관으로 구성되어 있습니다. 그런데 현실적으로 재판관의 공무상 출장이나 질병 또는 재판관 퇴임 이후 후임재판관 임명까지 사이의 공백 등 여러 가지 사유로 일부

재판관이 재판에 관여할 수 없는 경우는 발생할 수밖에 없습니다. 헌법과 법률에서는 이러한 경우에 대비한 규정을 마련해 놓고 있습니다.

탄핵의 결정을 할 때에는 재판관 6인 이상의 찬성이 있어야 하고, 재판관 7인 이상의 출석으로 사건을 심리한다고 규정하고 있습니다. 아홉 명의 재판관이 모두 참석한 상태에서 재판을 할 수 있을 때까지 기다려야 한다는 주장은, 현재와 같이 대통령 권한대행이 헌법재판소장을 임명할 수 있는지 논란이 되고 있는 상황에서는 결국 심리를 하지 말라는 주장으로서, 탄핵소추로 인한 대통령의 권한정지상태라는 헌정위기 상황을 그대로 방치하는 결과가 됩니다. 여덟 명의 재판관으로 이 사건을 심리하여 결정하는 데 헌법과 법률상 아무런 문제가 없는 이상 헌법재판소로서는 헌정위기 상황을 계속해서 방치할 수는 없습니다. 그렇다면 국회의 탄핵소추가결 절차에 헌법이나 법률을 위배한 위법이 없으며, 다른 적법요건에 어떠한 흠결도 없습니다.

이제 탄핵사유에 관하여 살펴보겠습니다. 우선 탄핵사유별로 피청구인의 직무집행에 있어 헌법이나 법률을 위배하였는지 살펴보겠습니다.

공무원 임면권을 남용하여 직업공무원제도의 본질을 침해하였다
는 점에 관하여 보겠습니다. 문화체육관광부 노 국장과 진 과장이
피청구인의 지시에 따라 문책성 인사를 당하고, 노 국장은 결국 명
예퇴직하였으며, 장관이던 유진룡은 면직되었고, 대통령비서실장
김기춘이 문화체육관광부 제1차관에게 지시하여 1급 공무원 여섯
명으로부터 사직서를 제출받아 그중 세 명의 사직서가 수리된 사실
은 인정됩니다. 그러나 이 사건에 나타난 증거를 종합하더라도, 피
청구인이 노 국장과 진 과장이 최서원의 사익 추구에 방해가 되었
기 때문에 인사를 하였다고 인정하기에는 부족하고, 유진룡이 면직
된 이유나 김기춘이 여섯 명의 1급 공무원으로부터 사직서를 제출
받도록 한 이유 역시 분명하지 아니합니다.

언론의 자유를 침해하였다는 점에 관하여 보겠습니다. 청구인은
피청구인이 압력을 행사하여 세계일보 사장을 해임하였다고 주장
하고 있습니다. 세계일보가 청와대 민정수석비서관실에서 작성한
정윤회 문건을 보도한 사실과 피청구인이 이러한 보도에 대하여 청
와대 문건의 외부유출은 국기문란 행위이고 검찰이 철저하게 수사

해서 진실을 밝혀야 한다고 하며 문건 유출을 비난한 사실은 인정됩니다. 그러나 이 사건에 나타난 모든 증거를 종합하더라도 세계일보에 구체적으로 누가 압력을 행사하였는지 분명하지 않고 피청구인이 관여하였다고 인정할 만한 증거는 없습니다.

다음 세월호 사건에 관한 생명권 보호의무와 직책성실의무 위반의 점에 관하여 보겠습니다. 2014년 4월 16일 세월호가 침몰하여 304명이 희생되는 참사가 발생하였습니다. 당시 피청구인은 관저에 머물러 있었습니다. 헌법은 국가는 개인이 가지는 불가침의 기본적 인권을 확인하고 이를 보장할 의무를 진다고 규정하고 있습니다. 세월호 침몰사건은 모든 국민들에게 큰 충격과 고통을 안겨준 참사라는 점에서 어떠한 말로도 희생자들을 위로하기에는 부족할 것입니다. 피청구인은 국가가 국민의 생명과 신체의 안전 보호의무를 충실하게 이행할 수 있도록 권한을 행사하고 직책을 수행하여야 하는 의무를 부담합니다. 그러나 국민의 생명이 위협받는 재난상황이 발생하였다고 하여 피청구인이 직접 구조 활동에 참여하여야 하는 등 구체적이고 특정한 행위의무까지 바로 발생한다고 보기는 어렵습니다.

또한, 피청구인은 헌법상 대통령으로서의 직책을 성실히 수행할 의무를 부담하고 있습니다. 그런데 성실의 개념은 상대적이고 추상적이어서 성실한 직책수행의무와 같은 추상적 의무규정의 위반을 이유로 탄핵소추를 하는 것은 어려운 점이 있습니다. 헌법재판소는 이미 대통령의 성실한 직책수행의무는 규범적으로 그 이행이 관철될 수 없으므로 원칙적으로 사법적 판단의 대상이 될 수 없어, 정치적 무능력이나 정책결정상의 잘못 등 직책수행의 성실성 여부는 그 자체로는 소추사유가 될 수 없다고 하였습니다. 세월호 사고는 참혹하기 그지없으나, 세월호 참사 당일 피청구인이 직책을 성실히 수행하였는지 여부는 탄핵심판절차의 판단대상이 되지 아니한다고 할 것입니다.

지금부터는 피청구인의 최서원에 대한 국정개입 허용과 권한남용에 관하여 살펴보겠습니다. 피청구인에게 보고되는 서류는 대부분 부속비서관 정호성이 피청구인에게 전달하였는데, 정호성은 2013년 1월경부터 2016년 4월경까지 각종 인사자료, 국무회의자료, 대통령 해외순방일정과 미국 국무부장관 접견자료 등 공무상 비밀을 담고 있는 문건을 최서원에게 전달하였습니다. 최서원은 그 문건을 보고 이에 관한 의견을 주거나 내용을 수정하기도 하였고, 피청구인의 일정을 조정하는 등 직무활동에 관여하기도 하였습니다.

또한, 최서원은 공직 후보자를 추천하기도 하였는데, 그중 일부는 최서원의 이권 추구를 도왔습니다. 피청구인은 최서원으로부터 케이디코퍼레이션이라는 자동차 부품회사의 대기업 납품을 부탁받고 안종범을 시켜 현대자동차그룹에 거래를 부탁하였습니다. 피청구인은 안종범에게 문화와 체육 관련 재단법인을 설립하라는 지시를 하여, 대기업들로부터 486억 원을 출연받아 재단법인 미르, 288억 원을 출연받아 재단법인 케이스포츠를 설립하게 하였습니다. 그러나 두 재단법인의 임직원 임면, 사업 추진, 자금 집행, 업무 지시 등 운영에 관한 의사결정은 피청구인과 최서원이 하였고, 재단법인에 출연한 기업들은 전혀 관여하지 못했습니다.

최서원은 미르가 설립되기 직전에 광고회사인 플레이그라운드를 설립하여 운영했습니다. 최서원은 자신이 추천한 임원을 통해 미르를 장악하고 자신의 회사인 플레이그라운드와 용역계약을 체결하도록 하여 이익을 취하였습니다. 그리고 최서원의 요청에 따라, 피청구인은 안종범을 통해 케이티에 특정인 2명을 채용하게 한 뒤 광

고 관련 업무를 담당하도록 요구하였습니다. 그 뒤 플레이그라운드
는 케이티의 광고대행사로 선정되어 케이티로부터 68억여 원에 이
르는 광고를 수주했습니다. 또 안종범은 피청구인 지시로 현대자동
차그룹에 플레이그라운드 소개자료를 전달했고, 현대와 기아자동
차는 신생 광고회사인 플레이그라운드에 9억여 원에 달하는 광고
를 발주했습니다.

한편, 최서원은 케이스포츠 설립 하루 전에 더블루케이를 설립하
여 운영했습니다. 최서원은 노승일과 박헌영을 케이스포츠의 직원
으로 채용하여 더블루케이와 업무협약을 체결하도록 했습니다. 피
청구인은 안종범을 통하여 그랜드코리아레저와 포스코가 스포츠팀
을 창단하도록 하고 더블루케이가 스포츠팀의 소속 선수 에이전트
나 운영을 맡기도록 하였습니다. 최서원은 문화체육관광부 제2차
관 김종을 통해 지역 스포츠클럽 전면 개편에 대한 문화체육관광부
내부 문건을 전달받아, 케이스포츠가 이에 관여하여 더블루케이가
이득을 취할 방안을 마련했습니다. 또 피청구인은 롯데그룹 회장을
독대하여 5대 거점 체육인재 육성 사업과 관련해 하남시에 체육시
설을 건립하려고 하니 자금을 지원해 달라고 요구하여 롯데는 케이

스포츠에 70억 원을 송금했습니다.

　다음으로 피청구인의 이러한 행위가 헌법과 법률에 위배되는지를 보겠습니다. 헌법은 공무원을 '국민 전체에 대한 봉사자'로 규정하여 공무원의 공익실현의무를 천명하고 있고, 이 의무는 국가공무원법과 공직자윤리법 등을 통해 구체화되고 있습니다. 피청구인의 행위는 최서원의 이익을 위해 대통령의 지위와 권한을 남용한 것으로서 공정한 직무수행이라고 할 수 없으며, 헌법, 국가공무원법, 공직자윤리법 등을 위배한 것입니다. 또한, 재단법인 미르와 케이스포츠의 설립, 최서원의 이권 개입에 직, 간접적으로 도움을 준 피청구인의 행위는 기업의 재산권을 침해하였을 뿐만 아니라, 기업경영의 자유를 침해한 것입니다. 그리고 피청구인의 지시 또는 방치에 따라 직무상 비밀에 해당하는 많은 문건이 최서원에게 유출된 점은 국가공무원법의 비밀엄수의무를 위배한 것입니다.

　지금까지 살펴본 피청구인의 법위반 행위가 피청구인을 파면할 만큼 중대한 것인지에 관하여 보겠습니다. 대통령은 헌법과 법률에 따라 권한을 행사하여야 함은 물론, 공무 수행은 투명하게 공개하여 국민의 평가를 받아야 합니다. 그런데 피청구인은 최서원의 국정개입사실을 철저히 숨겼고, 그에 관한 의혹이 제기될 때마다 이를 부인하며 오히려 의혹 제기를 비난하였습니다. 이로 인해 국회 등 헌법기관에 의한 견제나 언론에 의한 감시 장치가 제대로 작동될 수 없었습니다.

또한, 피청구인은 미르와 케이스포츠 설립, 플레이그라운드와 더블루케이 및 케이디코퍼레이션 지원 등과 같은 최서원의 사익 추구에 관여하고 지원하였습니다. 피청구인의 헌법과 법률 위배행위는 재임기간 전반에 걸쳐 지속적으로 이루어졌고, 국회와 언론의 지적에도 불구하고 오히려 사실을 은폐하고 관련자를 단속해 왔습니다. 그 결과 피청구인의 지시에 따른 안종범, 김종, 정호성 등이 부패범죄 혐의로 구속 기소되는 중대한 사태에 이르렀습니다. 이러한 피청구인의 위헌·위법행위는 대의민주제 원리와 법치주의 정신을 훼손한 것입니다. 한편, 피청구인은 대국민 담화에서 진상 규명에 최대한 협조하겠다고 하였으나 정작 검찰과 특별검사의 조사에 응하지 않았고, 청와대에 대한 압수수색도 거부하였습니다. 이 사건 소추사유와 관련한 피청구인의 일련의 언행을 보면, 법 위배행위가 반복되지 않도록 할 헌법수호의지가 드러나지 않습니다.

결국 피청구인의 위헌·위법행위는 국민의 신임을 배반한 것으로 헌법수호의 관점에서 용납될 수 없는 중대한 법 위배행위라고 보아야 합니다. 피청구인의 법 위배행위가 헌법질서에 미치는 부정적 영향과 파급효과가 중대하므로, 피청구인을 파면함으로써 얻는 헌법 수호의 이익이 압도적으로 크다고 할 것입니다.

이에 재판관 전원의 일치된 의견으로 주문을 선고합니다.

피청구인 대통령 박근혜를 파면한다.

이 결정에는 재판관 김이수, 이진성, 안창호의 보충의견이 있습니다. 이 결정에는 세월호 참사 관련하여 피청구인은 생명권 보호의 무를 위반하지는 않았지만, 헌법상 성실한 직책수행의무 및 국가공무원법상 성실의무를 위반하였고, 다만 그러한 사유만으로는 파면사유를 구성하기 어렵다는 재판관 김이수, 재판관 이진성의 보충의견이 있습니다.

또한, 이 사건 탄핵심판은 보수와 진보라는 이념의 문제가 아니라 헌법질서를 수호하는 문제로 정치적 폐습을 청산하기 위하여 파면결정을 할 수밖에 없다는 재판관 안창호의 보충의견이 있습니다.

이것으로 선고를 마칩니다.

짓밟힌 정의,
파탄난 민생에 관한 대답

퇴진하라

초 판	1쇄 인쇄	2024년 11월 1일
	1쇄 발행	2024년 11월 5일
지 은 이	안진걸, 임세은, 공희준	
펴 낸 이	박경수	
펴 낸 곳	디케	
등록번호	제2011-000050호	
등록일자	2008년 1월 17일	
주 소	서울시 노원구 월계로 334, 720호	
전 화	070-8774-7933	
팩 스	0504-477-3133	
이 메 일	soobac@gmail.com	

ISBN 978-89-94651-60-6 03340